JULIA HÜBNER

Abenteuer

ZU ZWEIT

365 inspirierende Ideen
für eine glückliche & erfüllte
Beziehung

Impressum
Deutschsprachige Erstausgabe September 2022

GZK Digital Print GmbH
www.kniga-verlag.de
Pestalozzistraße 25
22305 Hamburg

Covergestaltung und Satz: Wolkenart - Marie-Katharina Becker, www.wolkenart.com
Lektorat: Tina Müller
1. Auflage

ISBN Ebook: 978-3-910385-08-5
ISBN Taschenbuch: 978-3-910385-09-2
ISBN Hardcover: 978-3-910385-10-8

Inhalt

Halloween-Special ♥10 Ideen für die Halloween-Bucket-List.................................... 101

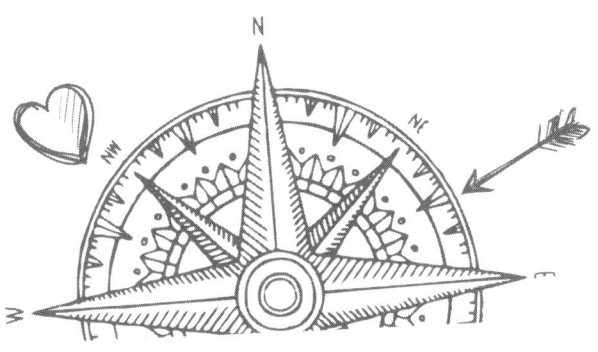

Vorwort

Führen Sie auch To-do-Listen in Ihrem Haushalt, wo Sie die Aufgaben für sich selbst und Ihren Partner oder Ihre Partnerin festhalten? Diese Listen gibt es in vielen Partnerschaften. Meist enthalten sie Punkte wie „Abwaschen", „Geschirrspüler ausräumen" oder „Wäsche waschen". Derartige To-do-Listen helfen, den Alltag zu organisieren. Sie sind der Romantik und Leidenschaft aber nicht gerade zuträglich. Eine Bucket List für Paare hingegen setzt an einer anderen Stelle an. Auch wenn es sich hierbei um eine Art To-do-Liste handelt, ist das Ziel doch ein anderes: Es geht darum, festgefahrene Routinen, die Eintönigkeit des Alltags und sinnlose Streitigkeiten hinter sich zu lassen und als Paar gemeinsam neue Erfahrungen zu sammeln. Genau wie auf einer To-do-Liste haken Sie die einzelnen Aktivitäten ab und freuen sich über das gute Gefühl, das Sie im Anschluss haben. Nebenbei sammeln Sie aber auch noch wertvolle Erinnerungen, auf die Sie später glückselig zurückblicken. Mit einer Bucket List für Paare sagen Sie dem Alltagstrott den Kampf an. Also nichts wie los: Geben

Sie Ihrer Beziehung mehr Würze und finden Sie hier verrückte, spannende, ungewöhnliche und witzige Ideen für Erlebnisse zu zweit.

WOFÜR DIESES BUCH GEEIGNET IST – UND WOFÜR NICHT

Dieses Buch enthält insgesamt 365 Ideen für Paare, die Sie gemeinsam mit Ihrem Partner oder Ihrer Partnerin umsetzen können. Dabei liefern wir Ihnen Ideen für jede Jahreszeit und auch für die besonderen Anlässe wie Ostern oder Weihnachten – also im Prinzip eine Idee für jeden Tag im Jahr. Bei der Erstellung der Bucket List haben wir viel Wert darauf gelegt, zum einen saisonale Bezüge herzustellen und zum anderen vor allem umsetzbare Ideen zu integrieren.

Fest steht aber auch: Jedes Paar hat andere zeitliche und finanzielle Voraussetzungen und natürlich auch andere Interessen und Vorlieben. Ein junges Studentenpaar mit Mitte 20 wird ganz andere Aktivitäten spannend finden als ein Ehepaar Ende 40. Es kann daher nicht jede Idee für jedes Paar gleichermaßen gut geeignet sein. Seien Sie also nicht enttäuscht, wenn Sie die eine oder andere Idee aus diesem Buch als Paar bereits umgesetzt haben. Gerade Paare, die schon viele Jahre gemeinsam durchlebt haben, konnten natürlich auch bereits etliche Erfahrungen und Erlebnisse miteinander teilen. Dennoch sind wir überzeugt, dass Sie in unserer Bucket List eine Vielzahl an Ideen und Anregungen finden werden, die Sie ausprobieren oder auch für Ihre eigene Bucket List abwandeln können.

Wer dieses Buch lesen sollte

Dieses Buch ist perfekt für Sie, wenn

> der Alltag in Ihre Beziehung eingekehrt ist,
> Sie sich nach Abwechslung sehnen,
> Sie das Bedürfnis haben, wieder einmal etwas Neues zu erleben,
> es häufiger Streit mit Ihrem Partner oder Ihrer Partnerin gibt,

> Sie frischen Wind in Ihre Paarbeziehung bringen möchten und/oder
> Sie als Paar unvergessliche Erinnerungen schaffen wollen.

Wie unsere Bucket List aufgebaut ist

Unsere Bucket List für Paare mit 365 inspirierenden Ideen ist in vier Abschnitte unterteilt. Bei der Auswahl unserer Tipps haben wir darauf geachtet, umsetzbare Aktivitäten zu wählen. Viele Erlebnisse benötigen keine oder nur eine kleine Vorbereitung und sind spontan realisierbar. Es gibt aber natürlich auch Anregungen, die eine längere Reise und auch ein etwas größeres Budget erfordern. Trotzdem war es uns wichtig, allzu aufwendige Ideen außen vor zu lassen. Sie finden hier keine Aktivitäten wie „Eine Weltreise unternehmen" oder „Nach New York reisen". Die meisten Erlebnisse sind direkt vor Ihrer Haustür, in Deutschland und Österreich oder zumindest in den europäischen Touristenregionen am Mittelmeer möglich. Die größte Besonderheit unserer Liste ist der saisonale Bezug. Es gibt Tipps für alle Jahreszeiten: Frühling, Sommer, Herbst und Winter. Für jede Saison erhalten Sie jeweils unzählige inspirierende Ideen, die Sie gemeinsam umsetzen können. Dazu gibt es extra Tipps für die besonderen Anlässe in den jeweiligen Jahreszeiten:

> Ostern,
> Halloween,
> Weihnachten,
> Silvester und Neujahr,
> Valentinstag,
> Karneval.

Wir wissen, dass Sie es im Alltag nicht schaffen, jeden Tag einen Tipp aus dem Buch umzusetzen. Dafür ist diese Liste auch nicht gedacht, denn manche Aktivitäten erstrecken sich über mehrere Tage oder Wochen. Sie können sich die Anregungen aussuchen, die am besten zu Ihnen passen und diese umsetzen, sobald Sie dafür Zeit finden. Die Ideen, die noch übrig sind, erledigen Sie im nächsten oder übernächsten Jahr. Nutzen Sie unsere Bucket List einfach dafür, sich selbst jedes Jahr eine individuelle, saisonale Liste zu erstellen, bis Sie alle Punkte abgearbeitet haben, die Ihnen zusagen.

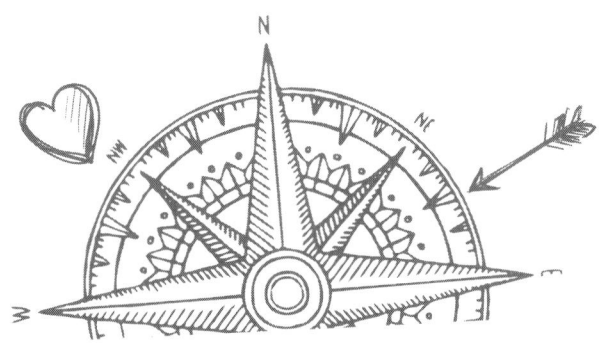

Bucket List als modernes Must-have für jedes Paar

Gefühlt hat heutzutage jeder eine Bucket List. Sicher haben auch Sie zumindest eine vage Vorstellung davon, was eine solche Liste ist, wenn Sie dieses Buch gekauft haben. Das Abarbeiten oder Erstellen einer Bucket List kann jede Menge Freude bereiten und eine Bereicherung für das eigene Leben sein. Doch bei der Nutzung – oder auch bei der Erstellung einer eigenen Bucket List – gibt es einige Dinge zu beachten. Andernfalls landet die Liste schon nach kurzer Zeit unbeachtet in der Ecke, was nicht der Sinn der Sache ist. Deshalb klären wir in diesem Kapitel zunächst ein paar Grundlagen zur Bucket List. Lesen Sie hier

> was eine Bucket List ist,

> welche Vorteile sie bietet,

> warum sie die Paarbeziehung bereichert,

> wie Sie eine Bucket List richtig nutzen,
> wie Sie zu Ihrer eigenen Bucket List kommen,
> wie Ihnen dieses Buch als Inspiration für Ihre Bucket List dienen kann und
> welche Fehler Sie vermeiden sollten.

BEGRIFFSERKLÄRUNG ♥
WAS IST ÜBERHAUPT EINE BUCKET LIST?

Die Bezeichnung „Bucket List" kommt aus dem Englischen [A]. Sie ist abgeleitet von der Redewendung „kick the bucket", welche mit dem deutschen Sprichwort „den Löffel abgeben" vergleichbar ist. Deshalb wird die Bucket List hierzulande umgangssprachlich auch „Löffelliste" genannt. Nun lässt sich schon gut ableiten, was eine Bucket List eigentlich ist: Es werden darauf alle Dinge festgehalten, die man vor seinem Lebensende erreichen will. Dabei ähnelt die Bucket List einer To-do-Liste. Die einzelnen Punkte werden abgehakt, wenn sie erledigt sind. Kurz gesagt geht es bei einer Bucket List also um folgende vier Punkte:

> Lebensziele bestimmen,
> Lebensziele aufschreiben,
> Lebensziele realisieren,
> Den entsprechenden Punkt auf der Liste abhaken.

Der Hype um die Bucket List nimmt seit 2007 stetig Fahrt auf. Damals erschien der Film „Das Beste kommt zum Schluss", der den Originaltitel „The Bucket List" trägt. Beliebt sind Bucket Listn natürlich bei Menschen, die an einer schweren Krankheit leiden oder bereits ein höheres Lebensalter erreicht haben. Aber auch unabhängig davon kann jeder, der Lust hat, eine Bucket List erstellen und davon profitieren – natürlich auch Sie!

DIE WICHTIGSTEN VORTEILE
EINER BUCKET LIST IM ÜBERBLICK

Es gibt viele Argumente, die dafür sprechen, sich eine Bucket List anzulegen:

> Sie finden heraus, was eigentlich Ihre Lebensziele sind.
> Sie erfahren etwas über Ihre eigenen Wünsche.
> Die Liste erinnert Sie regelmäßig an Ihre Ziele, was wiederum Ihre Motivation erhöht, diese auch zu erreichen.
> Mit jedem Punkt, den Sie abhaken, steigt Ihre Zufriedenheit.
> Sie bekommen das Gefühl, etwas Sinnvolles in Ihrem Leben getan zu haben.
> Sie lernen Ihren persönlichen Lebenssinn kennen.
> Das spätere Lesen Ihrer zum Großteil abgehakten Liste lässt Sie Glück und Dankbarkeit empfinden.

Eine Bucket List soll Sie anspornen, Ihnen aber auch Freude bereiten. Hier finden nicht nur die großen Lebensziele Platz, sondern auch kleine Ziele und Aktivitäten, die Sie erleben möchten.

WIE DIE BUCKET LIST FÜR PAARE
DIE BEZIEHUNG BEREICHERT

Die meisten Menschen schreiben nur für sich persönlich Bucket Listn. Doch es ist auch empfehlenswert, alternativ oder ergänzend eine Bucket List für die Partnerschaft aufzustellen und abzuarbeiten. Auf einer Bucket List für Paare notieren Sie alle Aktivitäten, die Sie zu zweit mit Ihrem Partner oder Ihrer Partnerin erleben möchten. Eine solche Liste ist eine Bereicherung für Ihre Paarbeziehung [B] – ganz egal, ob Sie erst frisch verliebt oder schon viele Jahre zusammen sind:

> Hilfsmittel gegen Langeweile: „Was unternehmen wir am Wochenende? Schon wieder Kino oder doch essen gehen?" Vielleicht kennen Sie diesen Satz so oder so ähnlich aus Ihrer eigenen Beziehung. Eine Bucket List für Paare hilft Ihnen dabei, kreativere und abwechslungsreichere Aktivitäten zu finden und der Langeweile ade zu sagen.

> Im Heute leben: Mit unserer Bucket List für Paare haben Sie die Möglichkeit, jeden Tag zu etwas ganz Besonderem werden zu lassen. Statt immer nur auf das nächste Wochenende oder den Urlaub hinzufiebern, bringen Sie kleine Abenteuer oder schöne Erlebnisse in jeden Tag.

> Die Paarbeziehung stärken: Auf unserer Bucket List für Paare sind etliche kleine und große Herausforderungen zu finden. Vielleicht müssen Sie sich überwinden, um diese zu bewältigen. Doch wenn Sie es am Ende gemeinsam geschafft haben, wachsen Sie als Paar. Nebenbei wird Ihnen die Liste helfen, Ihren Partner oder Ihre Partnerin noch besser kennen und lieben zu lernen.

> Erinnerungen für die Ewigkeit schaffen: Ob kleine gemeinsame Momente oder außergewöhnliche Erlebnisse: Beim Abhaken Ihrer Bucket List schaffen Sie Glücksmomente, an die Sie sich noch viele Jahre später erinnern werden.

> Ziele erreichen: „Irgendwann müssen wir zusammen in einem Zelt übernachten!" Vielleicht haben Sie diesen oder einen ähnlichen Satz schon geäußert, aber Ihren Wunsch dann wieder aus den Augen verloren. Genau das wird mit der Bucket List verhindert. Einmal aufgeschrieben, wird das Ziel greifbar. Die Liste erinnert Sie immer wieder daran. Die Wahrscheinlichkeit, dass Sie Ihren Wunsch in die Tat umsetzen, steigt erheblich.

Sie sehen: Ihre Paarbeziehung kann nur davon profitieren, wenn Sie eine Bucket List verwenden.

WIE SIE EINE BUCKET LIST RICHTIG NUTZEN

Doch wie genau funktioniert es eigentlich, eine Bucket List zu nutzen? Eigentlich ist es ganz einfach. Wenn Sie eine vorgefertigte Liste wie unsere Paar-Liste verwenden, haben Sie überhaupt keine Arbeit. Lesen Sie sich die Anregungen durch, wählen Sie passende Ideen aus und legen Sie los. Sobald Sie die Aktivität abgeschlossen haben, können Sie einen Haken dahinter setzen. Das ist besonders wichtig, denn: Es verleiht Ihnen ein gutes Gefühl, später durch die Liste zu blättern und viele Haken zu entdecken. Dadurch merken Sie, dass Sie in Ihrem Leben schon viel erreicht und erlebt haben.

STEINIG, ABER LOHNENSWERT ♥ DER WEG ZUR EIGENEN BUCKET LIST

Etwas aufwendiger ist es, eine eigene Bucket List zu erstellen. Es lohnt sich aber dennoch! Denn: Auch wenn wir beim Erstellen unserer Bucket List bemüht waren, Ideen auszuwählen, die möglichst viele Paare ansprechen, wird kaum ein Paar wirklich jeden Vorschlag ansprechend finden. Daher ist es durchaus sinnvoll, eine eigene Liste anzufertigen, die zu 100 Prozent zum eigenen Geschmack passt. Und das geht wie folgt:

> Formatauswahl: Verwenden Sie eine Vorlage aus dem Internet, nutzen Sie einfach ein Notizbuch oder schreiben Sie Ihre Liste in einen Kalender. Letzteres hat den Vorteil, dass gleich eine gewisse Verbindlichkeit erzeugt wird. Sie legen dann nicht nur fest, was Sie gemeinsam erleben möchten, sondern auch wann. Das erhöht die Wahrscheinlichkeit dafür, dass Sie Ihre Wünsche auch tatsächlich umsetzen.

> Brainstorming: Setzen Sie sich mit Ihrem Partner oder Ihrer Partnerin zusammen und führen Sie ein Brainstorming durch. Bewaffnen Sie sich mit Stift und Papier und schreiben Sie erst einmal auf, worauf Sie Lust hätten

und was Sie gerne erleben möchten. Folgende Fragen können beim Brainstorming helfen:

> Welche Länder wollen Sie zusammen bereisen und was möchten Sie sich dort anschauen?
> Was würden Sie unternehmen, wenn Ihr Budget keine Rolle spielen würde?
> Was hat Ihnen in der Vergangenheit besonders gut gefallen und woran denken Sie gerne zurück?
> Wovon möchten Sie Ihren Kindern oder Enkeln später einmal erzählen?
> Bei welchen Erzählungen Ihrer Freunde über deren Erlebnisse haben Sie gestaunt und gedacht: „Das würde ich auch gerne mal ausprobieren"?
> Inspiration: Natürlich müssen Sie Ihre Bucket List nicht komplett neu erstellen. Sie können auch ein bisschen abschauen und sich von fertigen Listen inspirieren lassen. Genau für diesen Zweck eignet sich unsere Bucket List für Paare hervorragend. Weitere Ideen finden Sie auch online oder direkt bei den Erlebnisanbietern.
> Aufschreiben: Sind Sie sich einig geworden, notieren Sie Ihre Ideen in dem von Ihnen gewählten Format. Versuchen Sie, so konkret wie möglich zu werden, denn das erleichtert Ihnen das Erreichen der Ziele. Statt „Frankreich erkunden", schreiben Sie lieber „Ein Foto vor dem Eiffelturm in Paris knipsen" oder „Eine riesige Sandburg an der Côte d'Azur bauen". Je konkreter die Ideen, umso besser! Wenn Sie möchten, können Sie die Ideen direkt mit einem Datum versehen, an dem Sie sie erledigen wollen oder wenigstens einen groben Zeitraum vorgeben. Das hilft, die Ziele nicht aus den Augen zu verlieren.

Ist Ihre Bucket List fertig, kann es losgehen. Starten Sie mit dem Abhaken und freuen Sie sich über das gute Gefühl, das Sie dabei empfinden.

WIE SIE DIESES BUCH
ALS INSPIRATION NUTZEN KÖNNEN

Für alle Paare, die noch etwas ideenlos bei der Erstellung der eigenen Liste sind, ist unsere Bucket List ideal. Unter unseren 395 inspirierenden Ideen gibt es für jedes Paar eine Menge Anregungen. Stöbern Sie in unserer Liste und nutzen Sie die Tipps als Inspiration für die eigene Liste:

> Eine Idee gefällt Ihnen direkt gut? Dann notieren Sie diese auf Ihrer eigenen Liste.

> Eine Anregung spricht Sie an, passt aber nicht zu 100 Prozent zu Ihnen? Dann überlegen Sie, wie Sie diese abwandeln können.

> Sie finden eine Idee, die Sie mit Ihrem Partner oder Ihrer Partnerin bereits erledigt haben? Vielleicht können Sie die Aktivität beim nächsten Mal erweitern oder variieren. Haben Sie also bereits einen 10-Kilometer-Lauf gemeinsam erledigt, wagen Sie sich einfach an den 20-Kilometer-Lauf.

Und auch wenn eine Idee auf unserer Liste Ihnen überhaupt nicht zusagt, ist das kein Problem. Die Geschmäcker sind verschieden! Beim Erstellen der eigenen Paar-Bucket-List geht es in erster Linie darum, sich über Ihre Wünsche und Lebensziele klar zu werden. Aber: Sie lernen nebenher auch gut, was Sie nicht möchten und was für Sie überhaupt nicht infrage kommt. Auch das ist wichtig für eine gesunde und entspannte Partnerschaft.

VORSICHT, STOLPERFALLEN ♡ HÄUFIGE FEHLER BEI DER NUTZUNG EINER BUCKET LIST

So viele Vorteile eine Bucket List auch hat, lauern auch ein paar Stolperfallen. Mit dem falschen Mindset kann Ihnen eine Löffelliste unter Umständen auch schaden [C]. Achten Sie darauf, folgende Fallstricke zu umgehen:

> Verzichten Sie auf unrealistische oder unkonkrete Ziele. Diese lassen sich schwer erreichen und mindern Ihre Motivation.
> Eine Bucket List sollte positive Erlebnisse beinhalten. Lästige Tätigkeiten wie die Fenster zu putzen sind hier fehl am Platz.
> Die Bucket List für Paare ist kein Optimierungswerkzeug. Sie hat nicht das Ziel, zerrüttete Beziehungen zu kitten. Es geht darum, den Dingen, die Ihnen als Paar wichtig sind, Zeit und Mühen zu widmen – und dabei Spaß zu haben.
> Das Abarbeiten der Liste ist kein Wettbewerb. In den sozialen Medien neigt man dazu, sich mit den anderen zu vergleichen und empfindet schnell Neid, wenn andere gefühlt schon viel mehr erlebt haben. Nutzen Sie Ihre Liste nur für sich persönlich und messen Sie sich nicht mit anderen.
> Bleiben Sie offen für spontane Erlebnisse in Ihrem Alltag. Auch Aktivitäten, die nicht auf Ihrer Liste stehen, können eine Bereicherung sein und weiterhin stattfinden.
> Konzentrieren Sie sich nicht nur auf große Aktivitäten. Es müssen nicht immer Reisen, Fallschirmsprünge oder Heißluftballonfahrten sein, die viele Ressourcen benötigen. Widmen Sie sich auch kleineren Punkten, die sich unter der Woche nachmittags erledigen lassen.
> Bleiben Sie flexibel! Manchmal ändern sich Wünsche und Ziele. Falls ein Punkt Ihrer Liste Ihnen nicht mehr wichtig ist, streichen Sie ihn einfach, statt ihn ständig vor sich herzuschieben. Eine Bucket List soll Sie anregen, inspirieren und motivieren – aber sicher nicht unter Druck setzen oder Stress erzeugen.

Der größte Fehler, der Ihnen bei Ihrer Bucket List unterlaufen kann, ist zu verbissen an die Sache heranzugehen. Es ist kein Problem, wenn manche Punkte nicht abgehakt werden. Nehmen Sie den Druck raus und lassen Sie sich treiben. Bleiben Sie einfach gespannt, wohin Ihre Reise mit Ihrer Bucket List führt.

KURZ UND KNAPP ♥
DAS WICHTIGSTE AUS DIESEM KAPITEL

> Eine Bucket List – im Deutschen auch Löffelliste – ist eine Liste mit Zielen oder Aktivitäten, die Sie vor Ihrem Lebensende erreicht oder erlebt haben möchten.

> Die Liste hilft, Lebenswünsche zu erfüllen, den Lebenssinn kennenzulernen und die eigene Zufriedenheit zu steigern.

> Eine Bucket List für Paare bereichert die Beziehung, denn sie bekämpft die Eintönigkeit des Alltags und schafft tolle Erinnerungen und Momente zu zweit.

> Es ist einfach, eine Bucket List zu nutzen: Die darauf festgehaltenen Aktivitäten werden umgesetzt und abgehakt.

> Für Paare lohnt es sich, eine eigene Bucket List anzulegen, damit diese zu 100 Prozent den eigenen Vorstellungen und Wünschen entspricht.

> Bei der Erstellung der individuellen Bucket List kann dieses Buch mit seinen 365 Ideen sehr gut als Inspiration verwendet werden.

> Beim Anlegen und Abhaken einer Bucket List lauern auch Stolperfallen. Wichtig ist, bei sich zu bleiben, die Sache ohne Druck anzugehen, sich nicht zu vergleichen und offen für Veränderungen zu sein.

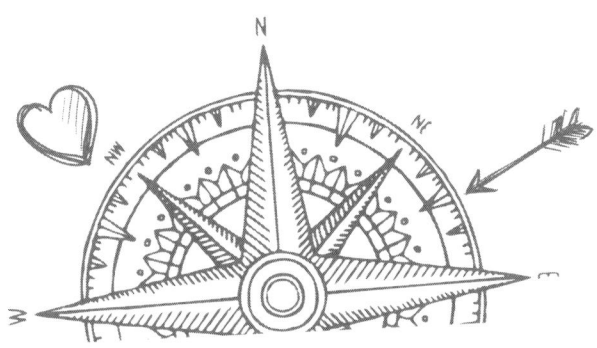

365 inspirierende Ideen für Paare – für mehr Glück an jedem Tag

TEIL 1 ♥ IDEEN FÜR DEN FRÜHLING

1. Gemüse anbauen

Suchen Sie sich eine Gemüsesorte aus, die Sie beide mögen und bauen Sie diese an – im Garten, auf dem Balkon oder auf der Fensterbank. Pflegeleicht sind zum Beispiel Tomaten, Zucchini, Gurken, Kohlrabi und Paprika. Pflegen und hegen Sie Ihre Pflanzen gemeinsam und freuen Sie sich später im Jahr über die ersten Früchte Ihrer Pflanze.

2. Einen Blumenstrauß binden

Nutzen Sie das traumhafte Frühlingswetter, um gemeinsam einen ausgedehnten Spaziergang durch die Natur zu unternehmen. Nehmen Sie eine scharfe Schere mit und halten Sie dabei Ausschau nach schönen Frühlingsblumen. Wieder daheim binden Sie aus Ihren Blumen gemeinsam einen Blumenstrauß, der Ihre Wohnung in den kommenden Tagen verschönert.

3. Einen Flohmarkt besuchen

Im Frühjahr, wenn viele Leute beim Frühjahrsputz ausmisten, finden etliche Floh- und Trödelmärkte statt. Besuchen Sie einen Trödelmarkt und entdecken Sie zu zweit viele tolle Schätze für Ihr Zuhause. Die Stücke, die Sie hier finden, erzählen alle eine ganz eigene Geschichte. Natürlich können Sie auch selbst mit einem kleinen Stand am Trödelmarkt teilnehmen und für alte Dinge neue Besitzer finden.

4. Ein vierblättriges Kleeblatt entdecken

Viele glauben, es sei reine Glückssache, ein vierblättriges Kleeblatt zu finden. Das stimmt aber nicht ganz: Wer lange genug sucht, wird auch fündig. Wählen Sie zu zweit eine schöne, kleereiche Wiese aus und begeben Sie sich auf die Suche nach einem vierblättrigen Kleeblatt. Ihr Fundstück können Sie dann trocknen und als Erinnerung in Ihre Bucket List kleben.

5. An einer Weinverkostung teilnehmen

Sie können in eine Weinregion fahren und an einer professionell organisierten Weinverkostung teilnehmen. Alternativ stellen Sie selbst eine Weinverkostung im Garten oder auf dem Balkon auf die Beine. Besorgen Sie ein paar gute Weine und verkosten Sie diese in aller Ruhe gemeinsam in der ersten warmen Frühlingssonne.

6. Seifenblasen im Park machen

Seifenblasen sind nicht nur Kindern vorbehalten. Pusten Sie gemeinsam mit Ihrem Partner um die Wette. Das ist Ihnen zu banal? Dann probieren Sie es mal mit Riesenseifenblasen. Sie können die Seifenblasenlösung selbst herstellen und in eine große Schüssel geben. Mit zwei Stöcken und einem saugfähigen Seil zaubern Sie dann XXL-Seifenblasen. Eine genaue Anleitung dazu finden Sie im Anhang A.

7. Im Freien picknicken

Packen Sie sich ein schönes Picknick zusammen: Obst, Gemüse, Salate und Brote – und natürlich ein paar kühle Drinks. Danach suchen Sie sich eine Wiese, breiten Ihre Decke aus und picknicken unter freiem Himmel. Entscheiden Sie selbst, ob Sie es sich im Park gemütlich machen oder ganz abgeschieden in der Nähe eines Waldes oder Sees.

8. In einer Paar-Hängematte entspannen

Was gibt es im Frühling Schöneres, als sich einfach mal in einer Hängematte zu entspannen und den Körper und die Seele baumeln zu lassen? Besonders viel Freude bereitet das zu zweit. Zum Glück gibt es Paar-Hängematten! Spannen Sie eine in Ihrem Garten oder einfach in der Natur zwischen zwei Bäumen auf und machen Sie es sich gemütlich. Dabei können Sie schöne Gespräche führen oder einfach die Wolken beobachten.

9. Paarfotos unter Kirschbäumen knipsen

Die rosafarbenen Blüten der Kirschbäume sehen spektakulär aus. Sie bieten eine hervorragende Kulisse für tolle Paarfotos. Entscheiden Sie selbst je nach Budget und Lust, ob Sie einen Profifotografen engagieren, einen Freund um Hilfe bitten, ein Stativ aufbauen oder einfach mit einem Selfiestick knipsen. In jedem Fall werden Sie beim Fotografieren jede Menge Spaß haben und einzigartige Erinnerungen bekommen.

10. Eine ganztägige Fahrradtour planen

Nehmen Sie eine Landkarte oder Google Maps und planen Sie eine ganztägige Fahrradtour durch Ihre Umgebung. Schauen Sie, wo Sie zum Mittagessen anhalten können und wo es ein schönes Café für ein Eis am Nachmittag gibt. Sie sind keine Fans von Zweirädern? Dann überlegen Sie sich stattdessen eine geeignete Route für eine lange Wanderung zu zweit.

11. Gemeinsam joggen gehen

Egal, ob Sie Jogging-Anfänger oder erfahrener Profi sind: Noch mehr Freude bereitet der Lauf durch die frühlingshafte Natur, wenn Sie ihn gemeinsam absolvieren. Anfänger beginnen mit einigen wenigen Kilometern, Profis können natürlich auch höher einsteigen. Am besten, Sie legen ein Ziel fest, auf das Sie gemeinsam hinarbeiten – etwa einen 10- oder 20-Kilometer-Lauf. Es ist ein tolles Gefühl, wenn Sie einander gegenseitig dazu motivieren, dieses Ziel zu erreichen.

12. Einen frühlingshaften Smoothie mixen

Entweder nutzen Sie Obst und Gemüse aus eigenem Anbau oder Sie halten auf dem Markt Ausschau nach den ersten Ernten des Frühlings. Salat, Spinat, Rhabarber und Erdbeeren reifen schon im späten Frühjahr und eignen sich perfekt für einen frühlingshaften Smoothie. Eine schöne Idee: Sie bereiten den Smoothie zu und Ihr Partner oder Ihre Partnerin errät die Zutaten. Beim zweiten Versuch wird gewechselt.

13. Ein Tulpenfeld in Holland besuchen

Dieser Tipp erfordert einen etwas höheren Aufwand – aber er lohnt sich. Jedes Paar sollte einmal im Leben gemeinsam ein Tulpenfeld besichtigt haben. Packen Sie unbedingt Ihre Kamera ein, um ein paar tolle Schnappschüsse aufzunehmen. Es gibt einige Auto- und Radtouren entlang der Tulpenfelder, die zwischen fünf und 60 Kilometer lang sind. Eine solche Tour zu zweit ist unheimlich romantisch – und bleibt garantiert in Erinnerung.

14. An einem Street-Food-Festival teilnehmen

Warum in die Ferne schweifen, wenn das Gute so nahe liegt? Im Frühjahr gibt es in großen ebenso wie in kleinen Städten jede Menge Street-Food-Festivals. Besuchen Sie ein solches Festival mit Ihrem Partner oder Ihrer Partnerin und unternehmen Sie eine kleine Weltreise. Hier können Sie Köstlichkeiten aus zahlreichen Ländern probieren und Ihren Gaumen verwöhnen. Vielleicht finden Sie dabei gleich eine Idee für ein Reiseziel, das auf Ihrer persönlichen Bucket List nicht fehlen darf.

15. Einen richtig romantischen Kirmesbummel machen

Die meisten Paare werden früher oder später mal eine Kirmes besuchen. Aber: Bei dieser Idee geht es darum, dass Sie es sich so richtig schön romantisch machen. Ja, es darf auch ruhig ein bisschen kitschig sein. Beschenken Sie sich mit Lebkuchenherzen, schießen Sie sich am Schießstand eine Rose oder angeln Sie ein Kuscheltier aus dem Greifautomaten. Und zu guter Letzt: Genießen Sie eine Runde Riesenrad bei Sonnenuntergang.

16. Gemeinsam Hula-Hoop ausprobieren

Hula-Hoop liegt im Trend – und zwar nicht nur bei Frauen! Kaufen Sie sich zwei Reifen und legen Sie einfach mal los – am besten im Garten oder Park. Beginnen Sie mit dem gewöhnlichen Hüftkreisen. Wer hält den Reifen länger oben? Spornen Sie einander gegenseitig an. Später können Sie Hoopdance erlernen und richtige Tricks und Choreografien einüben. Viele Inspirationen und Informationen dafür finden Sie im Anhang B.

17. Einen Tag nur in der Natur verbringen

Der Frühling lockt jeden nach draußen. Setzen Sie sich das Ziel, gemeinsam mit Ihrem Partner oder Ihrer Partnerin einen ganzen Tag in der Natur verbringen – vom Frühstück bis zum Schlafengehen. Planen Sie Ihren Tag vorab mit geeigneten Outdoor-Aktivitäten gut durch, damit keine Langeweile aufkommt. Sie können beispielsweise ein Picknick machen, Rad oder Inliner fahren und abends den Grill anwerfen.

18. Partner-Yoga-Übungen trainieren

Vielleicht haben Sie schon einmal Yoga gemacht? Super! Aber auch wenn nicht, ist Partner-Yoga eine tolle Idee für alle Paare – und zwar gerade im Frühling. Bei frühlingshaften Temperaturen im Freien kommt hier nämlich besonders viel Freude auf. Sie können einen speziellen Kurs absolvieren, um die Grundlagen zu erlernen, oder einfach mithilfe von Videoanleitungen bequem von Zuhause aus starten.

19. Im Freien sitzen und klassische Musik hören

Selbst, wenn Sie normalerweise nicht auf klassische Musik stehen, lohnt sich ein Ausflug in diese besondere Klangwelt gerade im Frühjahr. Klassische Musikstücke haben nämlich oft einen frühlingshaften Touch. Legen Sie sich mit Ihrem Partner oder Ihrer Partnerin draußen auf eine Decke und lauschen Sie den Klängen der Geigen. Zum Einstieg eignet sich zum Beispiel „Der Frühling" aus den Vier Jahreszeiten von Vivaldi perfekt.

20. Einen Imker besuchen

In jeder Region gibt es Imker, die gerne Gäste empfangen. Schauen Sie mal nach einer Mitmach- und Erlebnisimkerei in Ihrer Umgebung. Hier gewinnen Sie gemeinsam spannende Einblicke über die Honigbiene und die Honigherstellung. Teilweise haben Sie sogar die Möglichkeit, selbst Honig zu ernten und ein Glas mitzunehmen. Vielleicht wollen Sie danach ja selbst in die Honigproduktion einsteigen? Sicher ist: An Ihren Imkereibesuch werden Sie auch noch denken, wenn Sie den Honig längst vernascht haben.

21. Einen Kräutergarten anlegen

Gärtnern macht Spaß – vor allem zu zweit! Schnappen Sie sich etwas Erde, zwei Schaufeln, ein bisschen Saatgut und geeignete Pflanzgefäße. Dann können Sie sich einen kleinen Kräutergarten anlegen. Falls Sie keinen eigenen Garten haben, funktioniert das auch auf dem Balkon oder sogar auf der Fensterbank. Ernten und verkosten Sie später die Kräuter gemeinsam und freuen Sie sich über Ihre Ernteerfolge.

22. Den Morgenkaffee bei Sonnenaufgang zusammen genießen

Im Frühjahr geht die Sonne zu einer günstigen Uhrzeit auf, sodass viele Berufstätige die Chance haben, den Sonnenaufgang vor der Arbeit zu sehen. Stehen Sie einfach mal eine halbe Stunde eher auf und nutzen Sie die Chance, dieses wunderschöne Naturspektakel gemeinsam zu erleben. Trinken Sie dabei im Freien Ihre erste Tasse Kaffee und zelebrieren Sie Ihren Start in den Tag einmal ganz in Ruhe.

23. Im Kletterwald klettern

Im Herbst ist es zu regnerisch, im Winter zu kalt und im Sommer zu heiß – aber im Frühjahr sind die Voraussetzungen für einen Abstecher in den Kletterwald perfekt. Klettern Sie gemeinsam hoch hinaus und motivieren Sie einander, auch die höchsten Hindernisse zu überwinden. Das stärkt die Verbundenheit zueinander – und sorgt nebenbei für Nervenkitzel.

24. Auf dem Wochenmarkt einkaufen

Die meisten Menschen erledigen Ihre Einkäufe einfach rasch im Supermarkt. Doch es geht auch anders: In fast jeder Stadt findet ab dem Frühjahr einmal wöchentlich der Wochenmarkt statt. Nehmen Sie sich einmal Zeit, zusammen als Paar über einen solchen Markt zu bummeln und bringen Sie Ihre Einkäufe gleich mit. Sie werden sehen, gemeinsam entdecken Sie ganz andere Dinge. Sicher landen frische Lebensmittel im Korb, die Sie im Supermarkt niemals gefunden hätten.

25. Auswärts frühstücken

Ein schöner Frühlingstag ist ideal, um einfach mal in einem Café zu frühstücken – natürlich am besten im Außenbereich. Gönnen Sie sich eine Auszeit vom Brötchen holen und Kaffee kochen und lassen Sie sich alles an den Tisch bringen. Oder Sie entscheiden sich für ein üppiges Frühstücksbuffet und schlemmen sich nach Herzenslust durch. Sie werden sehen: Das gemeinsame Frühstück im Café fühlt sich direkt ein bisschen an wie ein Urlaubstag.

26. Frühlingsdekoration basteln

Auch Regentage gehören zum Frühling dazu. Wie wäre es, wenn Sie einen solchen Tag nutzen, um sich gemeinsam frühlingshafte Dekoration selbst zu basteln? Denn: Basteln ist längst nicht nur für Kinder. Nähen Sie zusammen ein Kissen oder basteln Sie ein frühlingshaftes Windlicht aus Beton. Der Kreativität sind keine Grenzen gesetzt! Viele tolle Ideen finden Sie im Anhang C.

27. Geocaching ausprobieren

Eine Schnitzeljagd ist nichts für Erwachsene? Von wegen! Geocaching ist der beste Beweis dafür, dass das nicht stimmt. Alles, was Sie benötigen, ist eine Geocaching-App auf Ihrem Smartphone, ein Notizbuch und einen Stift. Danach können Sie sich auf die Suche machen und gemeinsam mit Ihrem Partner einem neuen Hobby nachgehen. Dabei werden Sie jede Menge Schätze entdecken. Mehr Informationen für den Einstieg erhalten Sie im Anhang D.

28. Ein Autokino besuchen

Es hat auf jeden Fall etwas Nostalgisches, in einem Autokino zu sitzen. Kein Wunder, denn seinen Kultstatus bekam diese Art des Kinos in den 50er-Jahren. Aber es gibt noch immer viele Autokinos in ganz Deutschland. Das Tolle daran: Sie sind ganz für sich, aber schauen dennoch nicht allein. Ein Autokino ist romantisch, spannend und eine tolle Alternative zum normalen Kinobesuch.

29. Im Heißluftballon über den Wolken fliegen

Die Heißluftballonfahrt ist als Klassiker auf vielen Bucket Listn zu finden. Verständlich, denn es ist einfach ein beeindruckendes Erlebnis. Egal, ob frisch verliebt oder längst verheiratet: Über den Wolken zu schweben, lässt die Schmetterlinge im Bauch Purzelbäume schlagen. Fühlen Sie sich noch einmal wie im siebten Himmel und bestaunen Sie die traumhafte Aussicht. Nebenher genießen Sie Champagner und ein paar kleine Snacks. Dieses Erlebnis bleibt für immer unvergesslich!

30. Paarflug mit Gleitschirmen ausprobieren

Nun, wo wir schon einmal hoch oben in den Lüften sind, bleiben wir auch gleich dort. Auch bei einem Gleitschirmflug zu zweit gleiten Sie wie zwei Turteltauben durch den Himmel. Jeder bekommt seinen eigenen Gleitschirm mit einem Piloten, aber: Sie heben gemeinsam ab und können dieses wunderschöne Ereignis zusammen genießen. Ein Kribbeln im Bauch ist auch bei diesem Erlebnis garantiert!

31. Eine Wanderung mit Alpakas machen

Alpakas sind ruhige und genügsame Tiere, die aber dennoch einen starken eigenen Willen haben. Bei einer Alpakawanderung mit Ihrem Partner oder Ihrer Partnerin haben Sie nicht nur viel Spaß, sondern geben die Kontrolle auch an die Tiere ab. Jeder bekommt ein Tier zum Führen und erkundet auf diese Weise die Natur. Fast alle Alpakahöfe bieten auch Alpakawanderungen an. Fragen Sie nach!

32. Houserunning testen

Haben Sie Lust auf eine Extraportion Adrenalin und Action? Dann probieren Sie Houserunning aus. Ausgehend vom Dach eines Hochhauses spazieren Sie eine Hauswand herunter – natürlich gesichert durch ein Seil. Sich vom Dach herunter zu wagen und den ersten Schritt zu gehen, erfordert jede Menge Mut! Houserunning ist eine tolle Alternative für Paare, die eine etwas sanftere Alternative zum Fallschirmsprung suchen.

33. Einen Oldtimer mieten

Das Frühjahr ist perfekt für einen Ausflug mit einem Oldtimer. Mieten Sie sich einen Chevrolet, einen Ford Mustang, einen Käfer oder vielleicht sogar einen Trabi und suchen Sie sich eine landschaftlich schöne Route aus. Planen Sie ein paar Zwischenstopps ein und verbinden Sie Ihren Ausflug mit einem Picknick unter freiem Himmel oder einem Kinobesuch. Vergessen Sie aber nicht, für das Erinnerungsalbum ein paar Schnappschüsse mit dem Oldtimer zu schießen.

34. In einem Labyrinth verirren

Finden Sie ein Labyrinth in Ihrer Nähe und besuchen Sie es gemeinsam mit Ihrem Partner oder Ihrer Partnerin. Es ist ein spannendes Erlebnis, sich gemeinsam zu verirren, das Labyrinth zu erkunden und dann natürlich im besten Fall auch zusammen den Weg nach draußen zu finden. Das fördert den Teamgeist und den Zusammenhalt als Paar. Lassen Sie sich überraschen, wie schnell Sie einen Weg nach draußen finden.

35. Eis selber machen

Sie können nicht genug von Eiscreme bekommen und sind Stammgäste in Ihrer Eisdiele vor Ort? Dann nutzen Sie die frühlingshaften Temperaturen und stellen Sie Eis selber her. Für perfekte Ergebnisse benötigen Sie eine Eismaschine, aber am Anfang geht es auch ohne. Überlegen Sie zusammen, welche Eissorten besonders gut schmecken könnten und tüfteln Sie an einzigartigen Rezepten.

36. An einer Kräuterwanderung teilnehmen

Im Frühjahr sprießen die Wildkräuter am Wegesrand nur so. Kennen Sie die einzelnen Kräuter und wissen Sie, welche Wildpflanzen essbar sind? Wenn nein, können Sie sich dieses Wissen als Paar bei einer Kräuterwanderung aneignen. In vielen Regionen werden derartige geführte Wanderungen angeboten. Im Anschluss können Sie selbst Wildkräuter sammeln und für leckere, gesunde Rezepte verwenden.

37. Einen Tag lang Kind sein

Wenn die ersten warmen Sonnenstrahlen die Frühlingsgefühle wecken, werden Kindheitserinnerungen wach. Warum also nicht gemeinsam mit Ihrem Partner oder Ihrer Partnerin noch einmal ein Kind sein? Besuchen Sie einen Kinderspielplatz in der Nähe und toben Sie sich aus. Bei schlechtem Wetter darf es auch ein Indoorspielplatz sein. Danach essen Sie Gummibärchen, trinken Kakao und schauen sich Kinderfilme an, die Sie früher geliebt haben.

38. Zusammen eine Sprache lernen

Alles neu macht der Mai! Warum also nicht den Frühling nutzen, um gemeinsam mit Ihrem Partner oder Ihrer Partnerin eine neue Sprache zu lernen? Ideal ist natürlich eine Sprache, mit der Sie etwas anfangen können – etwa Spanisch, wenn Sie häufig nach Spanien reisen. Pauken Sie zusammen Vokabeln und fragen Sie sich gegenseitig ab. Freuen Sie sich im nächsten Urlaub, wenn die Kommunikation mit den Einheimischen besser funktioniert.

39. Dinner In The Sky buchen

Sie gehen gerne gemeinsam essen, haben aber die Nase voll von 0815-Restaurantbesuchen? Dann probieren Sie ein Dinner In The Sky aus. Hierbei werden Sie von einem Kran – zusammen mit dem Küchenchef und dem Kellner – in eine Höhe von rund 50 Metern gehoben. Hoch oben in den Lüften dinieren Sie dann und genießen nebenher natürlich eine sagenhafte Aussicht auf die Frühlingslandschaft. Informationen und Anbieter finden Sie im Anhang E.

40. Einen Golfkurs buchen

Golf hat ein etwas angestaubtes Image, doch es eignet sich nicht nur für „die Reichen und Schönen". Im Gegenteil: Es ist ein schöner Sport für Paare und es lohnt sich, es einmal auszuprobieren. Sicher finden Sie in Ihrer Nähe einen Golfklub, der Schnupperkurse anbietet. Und wer weiß, vielleicht gefällt es Ihnen und Sie haben einen neuen Sport gefunden, den Sie als Paar ausüben können.

41. Alten Erinnerungen auf die Spur gehen

Wenn die Partnerschaft nach dem langen Winter etwas festgefahren ist, können Sie den Frühling nutzen, um gemeinsam alte Erinnerungen wieder aufleben zu lassen. Besuchen Sie Orte, die Ihrem Partner oder Ihrer Partnerin einst etwas bedeutet haben: die alte Schule, den Kindergarten, das Ferienziel der Jugend. Sprechen Sie über die dort erlebten Aktivitäten und lernen Sie sich so von einer anderen Seite kennen. Im Anschluss werden die Rollen gewechselt.

42. Hobby-Ornithologen werden

Welche Jahreszeit eignet sich besser zur Beobachtung der Vögel als der Frühling? Besorgen Sie sich zwei Ferngläser und ein Bestimmungsbuch und stehen Sie frühmorgens auf. Dann gehen Sie zusammen spazieren und schauen, welche Vögel Sie entdecken. Falls Sie noch gar keine Erfahrung haben, können Sie vorab auch eine geführte Vogelexkursion besuchen, um mehr über einheimische Vogelarten zu lernen.

43. Aktmalerei ausprobieren

Lassen Sie im Frühling die Schmetterlinge im Bauch tanzen und bringen Sie bewusst mehr Erotik in Ihre Beziehung, indem Sie einmal die Aktmalerei ausprobieren. Sie können dafür einen Kurs besuchen, um die Grundlagen des Aktzeichnens kennenzulernen. Alternativ probieren Sie es daheim nur zu zweit aus: Der eine ist der Künstler, der andere das Model und dann wird getauscht.

44. Ein Blind-Date mit einem anderen Paar vereinbaren

Der Winter ist vorüber und Sie haben Lust, neue Leute kennenzulernen? Dann vereinbaren Sie ein Doppel-Date mit einem anderen Pärchen. Der Clou: Sie kennen das andere Paar vorab nicht, sondern treffen sich zu einem Blind-Date. Ein interessiertes Pärchen findet sich sicher schnell über die sozialen Netzwerke oder ein Kleinanzeigenportal. Wer weiß, vielleicht können Sie bei diesem Blind-Date die Basis für eine tolle Freundschaft zu viert legen.

45. Zusammen im Freien meditieren

Die Sonne scheint, die Vögel zwitschern, die Blätter rascheln sanft im Wind: Die Voraussetzungen, um im Freien zu meditieren, sind im Frühling perfekt. Setzen Sie sich draußen zu zweit auf eine Decke und probieren Sie eine geführte Meditation aus. Natürlich können Sie die Grundlagen des Meditierens auch in einem Workshop erlernen. Das Ziel des Meditierens besteht darin, das Gedankenkarussell einmal stillstehen zu lassen und mehr Achtsamkeit in Ihre Partnerschaft zu bringen.

46. Mit einem gemeinsamen Blog online gehen

Setzen Sie sich zusammen und überlegen Sie, was Sie als Paar verbindet. Welches Hobby, welche Leidenschaft teilen Sie? Nehmen Sie genau dieses Thema und starten Sie einen Partner-Blog. Füllen Sie den Blog mit Inhalten: Mal sind Sie dran, mal Ihr Partner oder Ihre Partnerin. Stück für Stück wächst Ihr gemeinsames Projekt und nimmt an Bekanntheit zu – ein tolles Gefühl für Sie beide!

47. Crossboccia ausprobieren

Bei der Trendsportart wird jeder Ort zur Arena, denn das Spiel kann überall stattfinden. Mit Bällen, die aus robustem Stoff bestehen und ein Granulat beinhalten, schießen Sie so, dass sie möglichst nahe bei dem zuvor geworfenen Marker landen. Das Prinzip ist ähnlich wie beim Boccia, kann aber dreidimensional gespielt werden. Im Frühjahr finden Sie draußen dafür endlose Möglichkeiten. Mehr zu den Regeln und zur Spielweise finden Sie im Anhang F.

48. Ein Möbelstück restaurieren

Wenn der große Frühjahrsputz ansteht, suchen Sie sich mit Ihrem Partner oder Ihrer Partnerin ein Möbelstück aus, das Sie gerne restaurieren möchten. Das kann ein alter Einrichtungsgegenstand aus Ihrer eigenen Wohnung, ein antikes Fundstück vom Dachboden der Oma oder ein abgenutztes Möbelstück vom Flohmarkt sein. Mit ein bisschen Farbe, Folie oder Stoff können Sie Wunder bewirken und dem Möbelstück neuen Glanz verleihen.

49. Stockbrot am Lagerfeuer backen

Endlich werden die Tage wieder länger und Sie können abends mehr Zeit draußen verbringen. Entfachen Sie sich ein Lagerfeuer und backen Sie sich ein paar leckere Stockbrote. Das ist nicht Ihr Ding? Dann grillen Sie stattdessen Würstchen. Kuscheln Sie sich unter ein paar Decken zusammen und lauschen Sie den Klängen der Natur. Sie werden Ihr gemütliches Plätzchen gar nicht mehr verlassen wollen!

50. Tandem fahren

Eine Fahrradtour ist ja eine tolle Sache, aber wie wäre es mal mit etwas Abwechslung? Leihen Sie sich ein Tandem und probieren Sie es gemeinsam. Nur ein eingespieltes Team wird auf dem Tandem erfolgreich vorankommen. Das Anfahren, Bremsen und Ausweichen gestaltet sich nämlich auf dem Tandem nicht so einfach. Wenn es klappt, erkunden Sie Ihre Umgebung mit dem Tandem und unternehmen Sie eine schöne Tandemtour.

51. Paarfotos mit einer Drohne aufnehmen

Die frühlingshafte Natur bildet eine tolle Kulisse, die Sicht ist klar und das Wetter häufig gut: Die Voraussetzungen für Drohnenfotos sind im Frühjahr ideal. Also lassen Sie eine Drohne steigen und schauen Sie sich an, wie Sie und Ihr Partner oder Ihre Partnerin von oben aussehen. Knipsen Sie romantische, witzige oder auch sexy Paarfotos. Aber Achtung: Beachten Sie dabei alle gültigen Gesetze, denn für Drohnenflüge gibt es teils strenge Regeln.

52. In der Natur aufräumen

In jedem Ort gibt es einen Platz, der eigentlich schön, aber leider herunter-gekommen und vermüllt ist. Statt sich weiter darüber zu ärgern, können Sie das Problem zu zweit angehen und einfach mal aufräumen. Machen Sie einen Frühlingsputz! Schießen Sie vorab ein Bild, bringen Sie alles in Ordnung und knipsen Sie dann noch ein Foto. Die Freude über das, was Sie gemeinsam geschafft haben, wird überwältigend sein.

53. Eine Immobilie besichtigen, die Sie sich nicht leisten können

Der Frühling macht Lust auf etwas Neues, aber Sie haben kein Geld für einen Umzug? Träumen dürfen Sie aber! Vereinbaren Sie einen Termin zur Besichti-gung in einer schicken Villa oder einem edlen Penthouse. Schauen Sie sich alles gemeinsam an und erlauben Sie sich ein bisschen Wunschdenken.

54. Sich gegenseitig ein Gedicht schreiben

Der Frühling ist die Zeit der Poeten und Dichter. Probieren Sie es doch auch einmal aus: Setzen Sie sich einander am Tisch gegenüber und schreiben Sie für den jeweils anderen ein schönes Gedicht. Die Qualität der Verse steht dabei gar nicht im Vordergrund. Es geht nur darum, sich für den anderen Zeit zu nehmen, ein paar liebe Worte zu finden und die eigenen Gefühle auszudrücken.

55. Einen Liebesbrief verfassen

Sie sind nicht die großen Dichter und das Reimen liegt Ihnen nicht? Kein Problem, dann schreiben Sie Ihrem Partner oder Ihrer Partnerin stattdessen einen Liebesbrief. Zum Dank bekommen Sie natürlich auch ein paar liebe Worte. Lesen Sie sich die Briefe am besten gegenseitig vor. Sie werden sehen, die Schmetterlinge im Bauch beginnen beim Zuhören automatisch wieder zu flattern.

56. Eine Rikscha-Tour durch die Stadt machen

Entdecken Sie als Paar gemeinsam gerne neue Städte? Dann sollten Sie die nächste Stadtrundfahrt unbedingt in einer Rikscha machen. Ganz gemächlich können Sie so die Metropole erkunden. Sie sitzen zu zweit in der kutschenähnlichen Rikscha, während ein Fahrer für Sie strampelt. Auf diese Weise ist für Romantik garantiert und es bereitet gleich doppelt so viel Freude, die schönsten Attraktionen einer neuen Stadt zu entdecken.

57. Ein Liebesschloss aufhängen

Kaufen Sie sich ein Schloss und beschriften Sie es mit Ihren Namen und Ihrem Jahres- oder Hochzeitstag. Danach nehmen Sie es mit zu Ihrem nächsten Ausflug in eine Großstadt oder in den Urlaub. An einem geeigneten Gitter oder einer Brücke hängen Sie das Schloss auf und besiegeln so die ewige Liebe. Falls Sie irgendwann einmal wiederkommen, werden Sie sich freuen, wenn das Liebesschloss noch hängt.

58. Einen Couchsurfer aufnehmen

Es ist Frühling und die nächste Reise findet erst im Sommer statt, aber Sie haben Lust auf etwas Urlaubsfeeling im Alltag? Dann nehmen Sie einen Couchsurfer bei sich auf. Ein internationaler Gast bringt Abwechslung in Ihre Wohnung. Bei gemeinsamen Mahlzeiten am Abend können Sie sich spannende Geschichten aus dem fremden Land erzählen lassen – und vielleicht eine anhaltende Freundschaft knüpfen.

59. Ein Baumhaus im Garten bauen

Zusammen gelingt es Ihnen sicher, ein stabiles Baumhaus in Ihrem Garten zu errichten. Eine Anleitung und Tipps finden Sie im Anhang G. Wenn Ihr Baumhaus fertig ist, haben Sie einen Rückzugsort, an dem Sie es sich als Paar im Frühling und Sommer gemütlich machen können. Und wer keinen Garten hat, errichtet sich stattdessen aus Ästen und Zweigen eine Hütte im Wald.

60. Das erste Date noch einmal erleben

Ihre Frühlingsgefühle kommen noch nicht so richtig in Gang? Dann helfen Sie nach! Wiederholen Sie den Anfang Ihrer Beziehung noch einmal. Wo fand Ihre allererste Verabredung statt? Was haben Sie unternommen? Worüber haben Sie gesprochen? Gab es den ersten Kuss? Sprechen Sie nicht nur darüber, sondern versuchen Sie, Ihr erstes Date noch einmal genauso nachzuerleben.

61. Eine Flaschenpost verschicken

Gemeinsam mit Ihrem Partner oder Ihrer Partnerin schreiben Sie einen Brief an einen Fremden. Überlegen Sie sich, was Sie dem Finder oder der Finderin Ihrer Flasche mitteilen möchten. Geben Sie gerne Ihre Handynummer an, damit eine Kontaktaufnahme später möglich ist und Sie erfahren, ob die Flasche gefunden wurde. Danach schicken Sie die Flasche auf die Reise.

62. Amor spielen

Sie haben das Gefühl, in Ihrem Freundeskreis gibt es zwei Menschen, die zusammenpassen, aber der Funke springt nicht über? Dann versuchen Sie, die beiden zu verkuppeln. Es geht gar nicht so sehr um den Erfolg dieses Plans. Im Fokus steht, gemeinsam Pläne zu schmieden und romantische Ideen zu finden, die dem Liebesglück auf die Sprünge helfen.

63. Einen Paar-Eisbecher teilen

Besuchen Sie ein Eiscafé, bestellen Sie sich den größten Eisbecher auf der Karte und genießen Sie ihn zu zweit. Diese kleine Kalorienbombe lohnt sich auf jeden Fall. Das Teilen des Eises ist wunderbar romantisch und wird das Kribbeln im Bauch neu entfachen!

64. Eine Gondelfahrt in Venedig machen

Auch, wenn es der Klassiker unter den romantischen Erlebnissen ist, wollen wir die Gondelfahrt durch Venedig an dieser Stelle erwähnen. Sie gehört einfach zu den Aktivitäten, die jedes Paar erleben sollte – und zwar am besten im Frühling. Neben einem angenehmen Klima haben Sie dann nämlich den Vorteil, dass noch nicht alles so überfüllt ist wie in der Hauptsaison im Sommer.

65. Currywurst-Battle durchführen

Wenn die Jahrmarktzeit im Frühjahr beginnt, ist ein guter Zeitpunkt für ein Currywurst-Battle. Bestellen Sie sich Currywürste in unterschiedlichen Schärfegraden und finden Sie heraus, wer mehr Schärfe verträgt. Tasten Sie sich aber unbedingt langsam heran.

66. Im Biergarten für den anderen bestellen

Wie gut kennen Sie Ihren Partner oder Ihre Partnerin wirklich? Finden Sie es heraus bei einem frühlingshaften Biergartenbesuch. Schauen Sie die Speisekarte genau an und wählen Sie ein Gericht aus, das dem jeweils anderen schmecken könnte. Ob Sie mit Ihrer Entscheidung richtig liegen?

67. Die Zukunft vorhersagen lassen

Im Frühling liegt das Jahr noch wie ein unbeschriebenes Blatt vor Ihnen. Was wird es bringen? Finden Sie es heraus und lassen Sie sich Ihre Zukunft bei einer Wahrsagerin vorhersagen. Egal, ob Sie daran glauben oder nicht, der Besuch bei der Wahrsagerin wird sicher für immer in Ihrem Kopf bleiben.

68. Auf einem Bauernhof aushelfen

Gerade wenn Sie als Paar sonst eher in der Stadt unterwegs sind, lohnt sich ein Ausflug auf den Bauernhof für Sie. Bieten Sie einem Hof in der Nähe Ihre Hilfe an: Unterstützen Sie einen Nachmittag lang beim Versorgen der Tiere oder bei der Feldarbeit. Dabei sammeln Sie wertvolle Erfahrungen zu zweit, von denen Sie noch Ihren Enkeln erzählen können.

69. Bodypainting ausprobieren

Ein regnerischer Tag im Frühling? Zeit für etwas Farbe! Mit Schokoladenfarben oder Schwarzlichtfarben können Sie den Körper des jeweils anderen verschönern und dann ein paar Schnappschüsse für die Ewigkeit machen. So ist ein sinnliches, einzigartiges Erlebnis garantiert.

70. Autoscooter fahren

Findet im Frühling eine Kirmes in Ihrer Nähe statt, ist das eine gute Gelegenheit, einfach mal in einen Autoscooter einzusteigen. Nehmen Sie zwei Wagen und veranstalten Sie eine wilde Rennfahrt gegeneinander. Da kommt Freude auf und das Herz schlägt automatisch höher!

71. Einem Bachlauf folgen

Spazieren Sie durch den Wald und halten Sie Ausschau nach einem Bach. Folgen Sie ihm, bis er endet. Für diese Bachwanderung benötigen Sie Gummistiefel, ein paar Snacks, Getränke und etwas Geduld. Es ist sehr spannend zu sehen, wo Sie am Ende herauskommen.

72. Löwenzahnblütensirup selbst herstellen

Sammeln Sie gemeinsam mit Ihrem Partner oder Ihrer Partnerin drei Handvoll Löwenzahnblüten. Lassen Sie 600 Milliliter Wasser, 500 Gramm Zucker und einen Teelöffel Zitronensäure aufkochen, um Sirup herzustellen. Geben Sie diesen über die Blüten und lassen Sie die Mischung zwei Tage stehen. Danach gießen Sie ihn durch ein Sieb. Guten Appetit!

73. In einer Hütte im Wald übernachten

Ja, es erfordert etwas Mut, in einer einfachen Hütte im Wald den Schlafsack aufzuschlagen und dort zu übernachten. Aber es lohnt sich! An dieses Erlebnis werden Sie noch viele Jahre lang denken. Aber: Ihre Übernachtung sollten Sie vorab mit dem Eigentümer des Waldes absprechen, ansonsten ist es nämlich verboten.

74. Mit dem E-Scooter durch die Stadt fahren

Mittlerweile gibt es in jeder größeren Stadt E-Scooter. Schnappen Sie sich bei Ihrer nächsten Erkundungstour in der Großstadt einfach zwei Scooter und entdecken Sie die Stadt auf diese Weise. Sie erreichen damit ganz andere Ecken als mit dem Bus oder mit dem Auto.

75. Mit dem Kanu durch Hamburg paddeln

Sobald die Temperaturen nach oben klettern, können Sie viele Großstädte auch vom Wasser aus besichtigen. Sehr gut klappt das zum Beispiel bei einem

Kanuausflug durch Hamburgs Kanäle. Aber auch eine Fahrt mit dem Tretboot ist hier sehr romantisch.

76. Einen Zoo besuchen

Irgendwann in Ihrer Kindheit waren Sie sicher schon einmal im Zoo. Aber gemeinsam als Pärchen? Wahrscheinlich noch nicht. Also nichts wie los in den nächsten Zoo in Ihrer Umgebung. Im Frühjahr sind die Temperaturen noch nicht zu heiß, die Eintrittspreise niedriger und die Tiere besser zu sehen, weil nicht so viele Leute vor Ort sind.

77. Ein Rooftop Picknick im Sonnenuntergang genießen

Im Frühjahr geht die Sonne oft pünktlich zum Abendessen unter. Die besten Voraussetzungen also, um auf dem Dach eines Hochhauses ein Picknick zu machen und nebenbei den Sonnenuntergang zu bestaunen. Vielleicht kennen Sie ein Hochhaus in der Nähe und wissen, wie Sie auf das Dach gelangen. Wenn nicht, suchen Sie nach einem offiziellen Aussichtspunkt.

78. An einem Running Dinner teilnehmen

Der Frühling ist die ideale Jahreszeit für ein Running Dinner. Was das ist? Ganz einfach: An einem Abend wird ein mehrgängiges Menü gekocht, wobei jeder Gang an einem anderen Ort stattfindet. Sie und Ihr Partner oder Ihre Partnerin sind für einen Gang selbst die Gastgeber. Bei einem Running Dinner lernen Sie neue Leute kennen und bleiben in Bewegung.

79. Einen botanischen Garten besuchen

Botanische Gärten sind immer sehenswert – besonders aber im Frühling, wenn alles prächtig blüht. Gerade zur Zeit der Kirschblüte lohnt sich natürlich ein Besuch. Aber auch davon abgesehen gibt es jede Menge blühende Pflanzen zu bestaunen, wenn Sie zu zweit im Frühling einen botanischen Garten besuchen.

80. Den Frühlingsdom in Hamburg besuchen

Hamburg ist immer eine Reise wert, aber gerade im Frühling besonders schön. Dann können Sie auch den Frühlingsdom besuchen und eine Runde im Riesenrad fahren. Von dort aus genießen Sie einen wundervollen Blick über die Hansestadt. Witziger geht es in der „Wilden Maus" zu, wo Adrenalinjunkies auf ihre Kosten kommen.

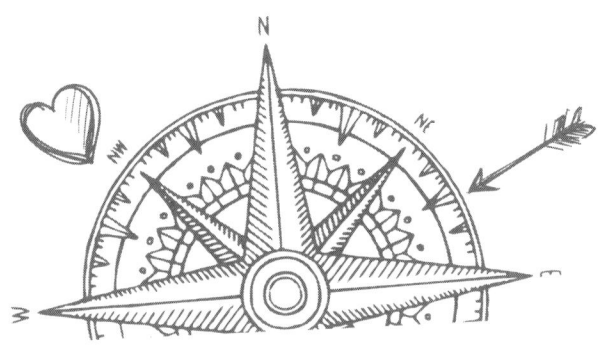

OSTER-SPECIAL♥
10 IDEEN FÜR DIE OSTER-BUCKET-LIST

81. Selbst Gastgeber für einen Osterbrunch sein

Vielleicht gehen Sie jedes Jahr zum Osterbrunch, doch es ist etwas anderes, einmal selbst Gastgeber für dieses Ereignis zu sein. Laden Sie die Familie und die Freunde ein und bereiten Sie zu zweit einen Osterbrunch vor. Die Vorbereitungen machen Spaß und schweißen zusammen.

82. Die Osterfeuermeile in Binz auf Rügen besuchen

Am Ostersamstag gibt es in Binz, dem bekannten Ostseebad auf Rügen, eine tolle Tradition: Wenn die Dunkelheit hereinbricht, werden am Strand auf einer Strecke von rund zwei Kilometern mehr als 20 kleine Osterfeuer entzündet. Gehen Sie von Feuer zu Feuer entlang, essen Sie eine Kleinigkeit oder trinken Sie einen Glühwein. In der Nähe der Binzer Seebrücke gibt es zusätzlich ein Rahmenprogramm inklusive Live-Musik.

83. Ein eigenes Osterfeuer anfachen

Sie haben es gern etwas privater? Dann machen Sie es sich im eigenen Garten gemütlich und fachen Sie Ihr persönliches kleines Osterfeuer an. Im Hintergrund können Sie leise Musik spielen lassen – oder Sie zücken selbst die Gitarre. Das ist romantischer, als mit dem halben Dorf um ein Feuer herumzustehen.

84. Eine Osterüberraschung für den anderen verstecken

Der Osterhase ist eigentlich eine Figur für Kinder. Doch nichts verbietet Ihnen, sich an Ostern gegenseitig eine kleine Überraschung zu bereiten. Verstecken Sie zwei Kleinigkeiten füreinander im Garten, Park oder Wald und suchen Sie dann gemeinsam.

85. Über einen Ostermarkt bummeln

In vielen deutschen Großstädten gibt es am Osterwochenende einen Ostermarkt mit vielen Ständen zum Schlemmen, Einkaufen und Staunen. Hier kommen Sie garantiert in Osterstimmung, wenn Sie es nicht ohnehin schon sind. Ein bekanntes Beispiel ist der wunderschöne Ostermarkt in Leipzig. Dort sorgen auf der historischen Leipziger Ostermesse direkt nebenan Osterlämmer, Musikanten, Jongleure und Komödianten für Unterhaltung.

86. Osternester selber basteln

Vielleicht haben Sie Kinder, die Sie mit einem selbstgebastelten Osternest überraschen können, oder Sie verschenken es an Freunde oder Familienmitglieder. Auf jeden Fall ist es eine witzige Sache, gemeinsam mit Ihrem Partner oder Ihrer Partnerin ein Osternest zu basteln – am besten aus Materialien, die Sie selbst in der Natur gesammelt haben. Einige Inspirationen finden Sie im Anhang H.

87. Einen Osterzopf backen

Egal, ob Sie dem christlichen Glauben folgen oder nicht: Es ist eine schöne Tradition, am Ostersonntag einen Osterzopf zu backen. Die verschlungene Form des Zopfes soll die Verflechtung zwischen den Menschen und Gott darstellen. Sie werden sehen: Es ist gar nicht so einfach, aus dem Teig einen Osterzopf zu flechten. Probieren Sie es gemeinsam! Ein Rezept mit Anleitung finden Sie im Anhang I.

88. Ostereier bemalen

Das Bemalen der Ostereier ist meist den Kindern vorbehalten. Doch warum eigentlich? Es ist eine tolle Möglichkeit, sich kreativ auszutoben! Setzen Sie sich einfach zusammen an den Tisch und bemalen Sie Eier in den schönsten Variationen. Wer gestaltet das schönste Ei? Wer hat die besten Ideen?

89. Das Blühende Barock in Ludwigsburg besuchen

Das Blühende Barock in Ludwigsburg gehört zu den beliebtesten Ausflugszielen in der Nähe von Stuttgart. Es bietet Ihnen einen Japanischen Garten, einen Sardischen Garten und einen Rosengarten. Gerade zu Ostern lassen sich herrliche Frühblüher bewundern: Tulpen, Vergissmeinnicht, Hyazinthen, Hornveilchen und vielleicht schon die ersten Kirschblüten. Richtig farbenfroh geht es in der Ostereierallee neben dem Märchengarten zu. Hier locken auch viele Mitmachangebote.

90. Die Osterbrunnen in der Fränkischen Schweiz besichtigen

Östlich von Bamberg und Forchheim liegt die Fränkische Schweiz, die das Herz von Wander- und Fahrradfreunden höherschlagen lässt. In der Osterzeit lohnt sich ein Besuch besonders, denn mit viel Liebe fürs Detail werden in der Region dann die Osterbrunnen geschmückt. Unternehmen Sie eine Osterbrunnen-Tour zu Fuß oder mit dem Fahrrad und halten Sie die schönsten Exemplare auf einem Foto fest.

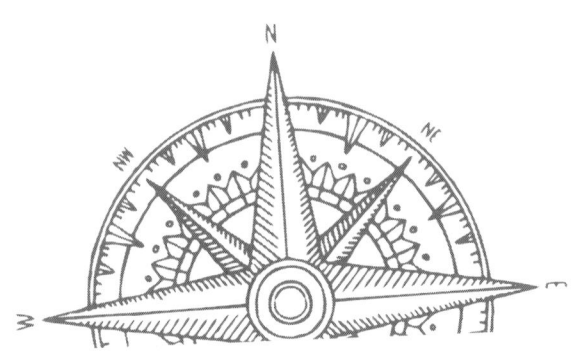

TEIL 2 ♡ IDEEN FÜR DEN SOMMER

91. In einem Zelt im Garten schlafen

Nutzen Sie eine laue Sommernacht, um ein Zelt im Garten aufzubauen und übernachten Sie im Freien. Lassen Sie es sich so richtig gut gehen: Beobachten Sie die Sterne, entfachen Sie ein Lagerfeuer und genießen Sie Stockbrote. Sie haben keinen eigenen Garten? Dann können Sie Ihr Zelt natürlich auch auf einem Campingplatz aufschlagen.

92. Das Cocktailmixen lernen

Ob mit Alkohol oder ohne: Cocktails schmecken einfach zu gut! Leider sind die Drinks in der Bar auch unheimlich teuer geworden. Günstiger und witziger wird es, wenn Sie sich Ihre Cocktails selber mixen. In einem gemeinsamen Cocktail-Kurs bekommen Sie alle Handgriffe und Grundlagen vermittelt. Danach können Sie bekannte Drinks nachmixen oder neue Cocktailkreationen entwerfen.

93. Im Sommer rodeln gehen

Rodeln klappt nur im Winter? Das stimmt nicht! In ganz Deutschland gibt es Sommerrodelbahnen, die selbst bei Hitze genauso viel Vergnügen bereiten wie das Schlittenfahren in der kalten Jahreszeit. Endlich können Sie mal ohne kalte Hände und Füße rodeln! Das Tempo bestimmen Sie selbst und in manchen Wagen haben sogar zwei Personen zusammen Platz. So können Sie das Kitzeln im Bauch gemeinsam genießen.

94. Paarfotos unter Wasser aufnehmen

Schnappen Sie sich eine einfache Unterwasserkamera aus der Drogerie – oder ein wasserdichtes Smartphone – und dann ab ins nächste Schwimmbad oder an den Badesee. Dort tauchen Sie im Wasser unter und knipsen unter Wasser einzigartige Paarfotos. Vielleicht gelingt Ihnen sogar eine Aufnahme von einem Kuss unter Wasser? Natürlich können Sie für diese Fotos auch einen Profi engagieren, wenn Ihr Budget das erlaubt.

95. Hand in Hand ins Meer rennen

Es ist eine klassische Szene in vielen Liebesfilmen: Ein Pärchen rennt Hand in Hand laut kreischend ins Meer und stürzt sich in die Wellen. Trauen Sie sich und stellen Sie eine solche Szene nach, denn das Gefühl der Freiheit und Verbundenheit ist unvergleichlich. Eine Reise ans Meer ist erst mal nicht geplant? Dann rennen Sie eben Hand in Hand in einen Badesee in Ihrer Nähe.

96. Erdbeeren pflücken

Im Frühsommer ist Erdbeerzeit! Sicher kaufen Sie sich dann gerne hin und wieder ein Körbchen mit den roten Früchten. Auf vielen Feldern haben Sie aber auch die Möglichkeit, sich Erdbeeren selber zu pflücken. Ziehen Sie mit Ihrem Partner oder Ihrer Partnerin los und sammeln Sie einen großen Korb der süßen Beeren. Daheim können Sie die Erdbeeren dann zusammen naschen oder verarbeiten – zu Marmelade, Sirup oder Erdbeertorte. Rezeptideen finden Sie im Anhang J.

97. Ein Kino unter freiem Himmel besuchen

Sie lieben gute Filme, haben aber im Sommer keine Lust auf ein dunkles Kino? Dann schauen Sie mal, wo es in Ihrer Nähe ein Open-Air-Kino gibt. Jedes Paar sollte einmal im Leben unter freiem Himmel einen Film zusammen geschaut haben. Natürlich können Sie sich mit einem Beamer und einer Leinwand auch Ihre ganz private Open-Air-Kinovorstellung gestalten. Mit Popcorn, leckeren Drinks und einer kuscheligen Decke wird es richtig gemütlich.

98. Glasboot fahren

Ob an der Ostsee, am Roten Meer oder am Mittelmeer: Wo es Wasser gibt, werden oft auch Glasbootfahrten angeboten. Durch den verglasten Boden im Schiff genießen Sie während der Fahrt eine spannende Aussicht auf die Unterwasserwelt. Sie werden allerhand Korallen und bunte Fische entdecken. Das Tolle daran: Sie müssen sich dafür nicht selbst nass machen und ein Tauchkurs ist auch nicht notwendig.

99. Zorbing auf dem Wasser ausprobieren

Wer träumt nicht davon, über das Wasser zu laufen? Zorbing auf dem Wasser macht es möglich. Dabei befinden Sie sich inmitten einer aufblasbaren PVC-Kugel und bewegen sich damit über die Wasseroberfläche. Entweder teilen Sie sich eine Kugel oder jeder bekommt seine eigene – je nach Ihren Wünschen und den Regeln des Anbieters. Angeboten wird Wasser-Zorbing heute an vielen deutschen Badeseen wie etwa am Altmühlsee im Fränkischen Seenland.

100. Mit dem Quad die Gegend erkunden

Vielleicht würden Sie gerne mal zu zweit mit einem Motorrad fahren, haben aber keinen Führerschein? Dann probieren Sie stattdessen ein Quad aus, denn das Fahrgefühl ist ähnlich. In vielen Großstädten und Tourismusregionen können Sie Quad-Touren buchen. Wer schon etwas Fahrerfahrung hat, kann mit dem Quad auch eine Offroad-Tour über Kies und Schotter fahren. Aber Achtung: Lieber keine weiße Kleidung tragen, denn das kann eine staubige Angelegenheit werden.

101. Mit zwei SUP-Boards übers Wasser paddeln

SUP ist die Abkürzung für Stand-up-Paddle und meint das Paddeln in stehender Position auf einem Surfbrett. Was einfach aussieht, erfordert eine gute Balance und macht jede Menge Spaß. An vielen Seen in Deutschland und in fast allen Urlaubsregionen gibt es heutzutage SUP-Boards zum Ausleihen. Probieren Sie es aus und spüren Sie gemeinsam, wie toll es sich anfühlt, über die Wasseroberfläche zu gleiten.

102. Sternschnuppen beobachten

Jedes Jahr im Juli und August haben Sie die Möglichkeit, die Perseiden am Nachthimmel zu sehen. Bei diesem Meteorschauer können Sie teilweise mehr als 100 Sternschnuppen pro Stunde beobachten. Am besten stehen Ihre Chancen vom 9. bis 13. August. Setzen Sie sich nach 21 Uhr ins Freie, zünden Sie ein paar Kerzen an, sorgen Sie für kuschelige Musik und dann genießen Sie das aufregende Spektakel am Himmel.

103. In einem Hubschrauber durch die Lüfte fliegen

Sie wagen sich mit Ihrem Partner oder Ihrer Partnerin gerne hoch hinaus? Dann ist ein Hubschrauber-Rundflug ein Erlebnis, das auf Ihrer Bucket List keinesfalls fehlen darf. Sie sitzen eng beieinander und haben einen tollen Ausblick auf die wunderschöne Landschaft. Rundflüge mit dem Hubschrauber werden in vielen deutschen Großstädten angeboten, sind aber natürlich auch im Ausland möglich.

104. Zusammen einen Grillkurs belegen

Vielleicht grillen Sie jedes Wochenende und wissen nicht, warum Sie noch einen Grillkurs belegen sollten? Ganz einfach: um Ihre Grillkenntnisse zu perfektionieren! In einem Grillkurs lernen Sie viel über die richtige Ausrüstung, das optimale Handling und absolute No-Gos. Außerdem bekommen Sie Ideen für neue und abwechslungsreiche Grillrezepte.

105. Im Regen tanzen

Es liegt mal wieder ein heißer Sommertag hinter Ihnen, doch endlich beginnt es zu regnen? Dann nutzen Sie Ihre Chance, um ein tolles Erlebnis von Ihrer Bucket List zu streichen: Tanzen Sie zusammen im Regen. Einfach die Musik laut aufdrehen, die Schuhe ausziehen und schon geht es los. Vergessen Sie alles um sich und tanzen Sie so, wie Sie gerade Lust und Laune haben.

106. Eine Wasserbombenschlacht starten

Es ist doch immer wieder herrlich, noch einmal Kind sein zu können. Bereiten Sie sich an einem heißen Sommertag ein paar Wasserbomben vor und liefern Sie sich eine wilde Wasserbombenschlacht – am besten in Badebekleidung zu toller Musik. Die Bewegung schüttet Glückshormone aus und das gemeinsame Lachen stärkt Ihre Verbundenheit.

107. In einem Strandkorb übernachten

Die anderen packen ihre Sachen und gehen nach Hause, doch Sie verbringen die ganze Nacht in Ihrem Strandkorb. Das geht in sogenannten Schlafstrandkörben, die Sie an der Ostsee und Nordsee in allen Tourismusregionen mieten können. Genießen Sie einen Strandspaziergang, suchen Sie Sternbilder am Himmel und schlafen Sie zum Rauschen des Meeres ein. Am nächsten Morgen werden Sie von den ersten Sonnenstrahlen wieder geweckt – und gegen den morgendlichen Hunger können Sie oftmals sogar ein Frühstück dazu buchen.

108. Ein Yoga-Festival besuchen

Im Sommer finden in vielen idyllischen Regionen Deutschlands und Europas Yoga-Festivals statt. Bei einem solchen Festival können Sie sich in einer wundervollen Atmosphäre mit anderen Yoga-Fans verbiegen. Nebenbei genießen Sie tolle Musik und eine hochwertige Bio-Küche. Außerdem finden oft Workshops zu verschiedenen Yogastilen statt. Auf jeden Fall ist ein Yoga-Festival ein einzigartiges Erlebnis für Paare.

109. Einen Segeltörn machen

Ein Segeltrip ist ein sehr romantisches Erlebnis, das kein Paar verpassen sollte. Angebote für einen Segeltörn finden Sie überall in den Touristenregionen an der Mittelmeerküste, aber natürlich auch an der Ostsee. Der ideale Ausgangspunkt ist zum Beispiel die Hanse Sail in Rostock, die Jahr für Jahr im Sommer stattfindet. Hier haben Interessierte jederzeit spontan die Möglichkeit, auf ein Segelschiff zu steigen und mitzusegeln.

110. Unter freiem Himmel schlafen

Es ist eine warme Sommernacht angesagt? Dann übernachten Sie mit Ihrem Partner oder Ihrer Partnerin direkt unter dem Sternenhimmel – und zwar komplett ohne Zelt. Sie können es sich mit Schlafsäcken auf einer Decke im Garten gemütlich machen oder einfach in einer Paar-Hängematte schlafen. So genießen Sie noch einmal ein ganz anderes Gefühl als in einem Zelt: Sie fühlen jeden Windhauch, können der Nachtigall lauschen und vielleicht sogar das eine oder andere nachtaktive Tier beobachten.

111. Einen ganzen Tag barfuß laufen

Es erfordert sicher ein bisschen Mut, ist aber eine tolle Erfahrung: Wählen Sie mit Ihrem Partner oder Ihrer Partnerin einen Tag aus, an dem Sie komplett auf Schuhe und Socken verzichten. Ideal ist ein Tag am Wochenende oder im Urlaub. Auch wenn Sie vielleicht ein paar irritierte Blicke ernten, lohnt es sich. Es ist ein völlig einzigartiges Gefühl, die Welt barfuß zu beschreiten.

112. Zu zweit Rollschuhe fahren

Vielleicht haben Sie noch alte Rollschuhe im Keller oder auf dem Dachboden? Wenn nicht, können Sie sicher im Internet günstig gebrauchte Rollschuhe erstehen. Danach gilt das Motto: Rollschuhe an und los gehts. Fahren Sie Hand in Hand und freuen Sie sich, wenn Sie nach den ersten wackeligen Versuchen immer sicherer werden. Und wenn es gut klappt, können Sie bald eine richtige Rollschuhparty in Ihrer Nähe besuchen!

113. Eine Tropfsteinhöhle besichtigen

Schnappen Sie sich Ihren Partner oder Ihre Partnerin und begeben Sie sich in eine mystische Welt unter der Erdoberfläche. Eine Tropfsteinhöhle steckt voller Geheimnisse und erzählt viele spannende Geschichten. Das Tolle daran: Hier können Sie der sommerlichen Hitze entfliehen und im kühlen Klima etwas Aufregendes zu zweit erleben. In Deutschland gibt es zahlreiche Tropfsteinhöhlen zu besichtigen – etwa die Atta-Höhle in Attendorn oder die Teufelshöhle in der Nähe von Bayreuth.

114. Eine wirklich große Sandburg bauen

Ob auf dem Spielplatz, direkt am Meer oder an einem Sandstrand am See: Haben Sie schon einmal nur zu zweit mit Ihrem Partner oder einer Partnerin eine wirklich große Sandburg gebaut? Nein? Dann wird es höchste Zeit. Rüsten Sie sich mit Sandspielzeug aus und legen Sie los. Bauen Sie die größte Sandburg weit und breit und schießen Sie dann ein Bild von sich und Ihrem Kunstwerk.

115. Auf der Welle surfen

Auf einer Welle zu surfen ist leider nicht so einfach. Erstens gehört das Surfen zu den schweren Sportarten. Zweitens ist es in Deutschland schwierig, das Surfen überhaupt zu lernen – aber auch nicht unmöglich! Es gibt auch in Deutschland urbane Surfspots, wo Sie das Surfen üben können. Fündig werden Sie im Englischen Garten oder in der Jochen Schweizer Arena in München sowie in Wakeboard-Anlagen.

116. Wirklich Last minute verreisen

Einfach mal die Koffer packen, zum Flughafen fahren und dort in allerletzter Minute eine Reise buchen. Danach in den Flieger steigen und los gehts! Diesen Traum hat fast jeder schon einmal geträumt. Trauen Sie sich! Es ist ein aufregendes Gefühl, erst am Flughafen das endgültige Reiseziel für die nächste Zeit auszuwählen.

117. Zusammen einen neuen Ernährungsstil ausprobieren

Kantinenessen, Fast Food und Fertiggerichte bestimmen unseren Alltag. Schlagen Sie einmal eine andere Richtung ein! Nutzen Sie die gute Verfügbarkeit gesunder Lebensmittel im Sommer und ernähren Sie sich vier Wochen lang ganz anders. Entscheiden Sie zusammen, ob Sie es zum Beispiel vegetarisch, vegan, Low Carb oder glutenfrei probieren möchten.

118. FKK baden gehen

Die überzeugten FKK-Bader können diesen Punkt überspringen. Gehören Sie hingegen zu den Menschen, die beim Gedanken an öffentliche Nacktheit etwas Unbehagen empfinden? Dann springen Sie mit Ihrem Partner oder Ihrer Partnerin über Ihren Schatten! Suchen Sie sich einen FKK-Strand aus und mischen Sie sich unter die anderen. Belohnt werden Sie mit einem gestärkten Selbstbewusstsein und einer erhöhten Zufriedenheit mit Ihrem eigenen Körper.

119. Nachts baden

Ob an einem Badesee in Ihrer Nähe oder bei Ihrem nächsten Urlaub am Meer: Kommen Sie mit Ihrem Partner oder Ihrer Partnerin zum Strand, wenn alle anderen längst nach Hause gegangen sind. Das Badevergnügen bei Dunkelheit und Mondschein hat einen ganz besonderen Reiz. Natürlich können Sie dem Ganzen noch das i-Tüpfelchen aufsetzen, indem Sie Ihre Hüllen fallen lassen und unter dem Sternenhimmel nackt baden.

120. An einem Holi-Festival teilnehmen

Holi ist ein indisches Frühlingsfest, das traditionell im März gefeiert wird. Aber: Weltweit wird es seit einigen Jahren als kommerzielles Event angeboten und findet dann vor allem im Sommer statt. Live aufgelegte elektronische Musik und gute Drinks bilden das Rahmenprogramm. Der Clou des Festivals: Zu jeder vollen Stunde werfen die Teilnehmer mit bunten Farbpulvern herum, die alles farbenfroh einfärben. Daher gilt: Tragen Sie am besten komplett weiß, damit Ihr Outfit die Farben gut annimmt.

121. Bei einem Color Run mitmachen

Ein sogenannter Color Run ist vom indischen Frühlingsfest Holi inspiriert. Dabei laufen Sie eine Strecke über fünf Kilometer und werden nebenbei mit den bunten Farbpulvern beworfen. Zusätzlich gibt es spannende Hindernisse. Jedes Jahr im Sommer finden auch in Deutschland entsprechende Veranstaltungen statt. Halten Sie am besten frühzeitig nach den Terminen und Orten Ausschau!

122. Kitesurfen ausprobieren

Kitesurfen ist ein nicht ganz einfacher Sport, aber: Wer ihn beherrscht, wird schnell süchtig. Sie stehen auf einem Brett auf dem Wasser und werden von einem großen Lenkdrachen gezogen. Probieren Sie es gemeinsam aus und belegen Sie einen Kurs. Kiteschulen gibt es nicht nur im Ausland, sondern auch in Deutschland – vor allem natürlich an der Ostsee.

123. Den Eiffelturm in Paris besichtigen

Jetzt kommt ein Klassiker unter den romantischen Erlebnissen für Paare: eine Reise zum Eiffelturm in Paris. Das Wahrzeichen von Paris bietet Ihnen auf insgesamt drei Etagen einen wundervollen Blick auf die Stadt der Liebe. Als Highlight geben Sie einander dann am besten ganz oben auf dem Eiffelturm noch einen innigen Kuss und beobachten den Sonnenuntergang. Romantischer geht es kaum!

124. Wale beobachten

Zusammen Wale in ihrem natürlichen Lebensraum zu beobachten, ist ein unglaubliches Naturerlebnis, das Sie nie wieder vergessen werden. In vielen Regionen weltweit können Sie sogar von der Küste aus die prächtigen Tiere sehen. Unzählige Anbieter ermöglichen es Ihnen aber auch, mit dem Schiff aufs Meer zu fahren, um den Walen noch näherzukommen. Worauf Sie bei der Auswahl eines Anbieters achten sollten, hat der WWF für Sie zusammengefasst. Den Link finden Sie im Anhang K.

125. Tubing ausprobieren

Wenn Sie actionreiche Aktivitäten auf dem Wasser lieben, kommen Sie an Tubing nicht vorbei. Gemeinsam mit Ihrem Partner oder Ihrer Partnerin schwingen Sie sich auf jeweils einen Spezialreifen und rasen damit wilde Bäche hinab. Steuern können Sie Ihren Reifen mit einem Doppelpaddel. Für Nervenkitzel ist bei diesem Drehspaß garantiert, aber Gefahr besteht nicht. Der Reifen ist kippsicher und Sie tragen eine Schutzausrüstung.

126. Bei einem Fotowalk mitmachen

Ein Fotowalk ist eine tolle Sache, um mehr über die Grundlagen der Fotografie zu erfahren – vor allem über Linienführung, Perspektiven und das perfekte Licht. Außerdem lernen Sie hier neue Leute und neue Orte gleichzeitig kennen. Denn: Nach der Einführung ziehen Sie in einer Gruppe durch die Stadt, um die besten Attraktionen zu fotografieren. Dabei können Sie sich mit den anderen austauschen und Ihre Ergebnisse miteinander vergleichen.

127. Auf Bäume klettern

Kindern fällt es noch leicht, auf Bäume zu klettern. Schaffen Sie das als Erwachsene auch? Unternehmen Sie an einem Sommertag einen Waldspaziergang zu zweit und suchen Sie sich ein paar Bäume aus, die sich zum Klettern eignen. Fangen Sie mit einem einfachen Baum an und steigern Sie sich. Natürlich dürfen

Sie es auch mit Teamwork probieren, indem Sie einander heraufziehen oder sich mit Räuberleiter unterstützen.

128. Sternbilder mit dem Teleskop entdecken

Sicher haben Sie schon einmal in einer Sommernacht zu zweit draußen gesessen und den Sternenhimmel bestaunt. Gehen Sie einen Schritt weiter und besorgen Sie sich ein Teleskop und eine Sternkarte. Schauen Sie gemeinsam, welche Sternenbilder und Planeten Sie entdecken und tauchen Sie ein in die faszinierende Welt der Sterne.

129. Urlaub auf einer einsamen Insel in Kroatien machen

Eine ganze Insel nur für Sie – klingt das nicht herrlich? Um sich diesen Traum zu erfüllen, müssen Sie nicht einmal Europa verlassen. In Kroatien gibt es die Insel Ravna Sika, die 10.000 Quadratmeter groß ist und mitten in einer Oase unberührter Natur liegt. Darauf befindet sich ein Haus, das Sie mieten können. Egal, in welchem Raum Sie sich befinden, Sie blicken durch das Fenster aufs Meer. Weitere Gäste gibt es nicht, aber Sie können ein Boot mieten, um in 20 Minuten die nächstgrößere Stadt zu erreichen.

130. Zusammen schnorcheln oder tauchen

Die Unterwasserwelt ist atemberaubend und spannend. Lernen Sie sie gemeinsam kennen! Dafür benötigen Sie lediglich eine passende Schnorchel-Ausrüstung und ein schönes Reiseziel. Alternativ können Sie natürlich auch einen Tauchkurs machen, um später noch tiefer in die Unterwasserwelt einzutauchen.

131. In einem Baumhaushotel übernachten

Nicht jeder hat die Möglichkeit, ein Baumhaus im eigenen Garten zu bauen. Wer dennoch mal in einem Baumhaus schlafen möchte, kann sich eine Übernachtung in einem Baumhaushotel buchen. Diese gibt es in Deutschland mittlerweile in vielfältiger Auswahl. Einige sind ganz rudimentär ausgestattet, andere überzeugen mit höchstem Maß an Luxus. Entscheiden Sie, was Ihnen am besten gefällt.

132. Im Windkanal fliegen

Es ist ein heißer Sommertag und kein Lüftchen weht? Dann ab zum Bodyflying in einen Windkanal, wo Sie sich den Wind so richtig um die Ohren blasen lassen können. Bei diesem Erlebnis tragen Sie einen Anzug und fliegen dann bei einer künstlich erzeugten Windgeschwindigkeit von 200 Kilometer pro Stunde. Das Gefühl ist ähnlich wie beim freien Fall. Nach etwa einer Minute ist der Spaß vorbei und Ihr Partner oder Ihre Partnerin an der Reihe. Danach haben Sie sich viel zu erzählen!

133. Bei einem Tough Mudder dabei sein

Ein Tough Mudder ist ein Hindernislauf, bei dem Sie durch Teamwork Hindernisse überwinden – und somit ideal für Paare. Die Besonderheit: Es geht durch Schlamm, Eiswasser und jede Menge Dreck. Trainieren Sie gemeinsam mit Ihrem Partner oder Ihrer Partnerin und bereiten Sie sich auf die Teilnahme vor. Absolvieren Sie den Hindernislauf dann zusammen und verlassen Sie Ihre Komfortzone. Sie werden viel Spaß haben und als Paar gestärkt hervorgehen.

134. Die Wanderroute von einer Münze bestimmen lassen

Sie haben im Sommer nach Feierabend Lust auf einen Spaziergang zu zweit, wissen aber nicht wohin? Dann nehmen Sie eine Münze und laufen Sie bis zur nächsten Kreuzung. Werfen Sie die Münze und gehen Sie bei Kopf nach links und bei Zahl nach rechts. Bei der nächsten Weggabelung handhaben Sie es genauso. Auf diese Weise laufen Sie immer weiter und lernen vielleicht ganz neue Ecken in Ihrer Heimatstadt kennen.

135. Eine Zugfahrt ins Blaue unternehmen

Packen Sie ein paar Sachen für einen Tagesausflug, fahren Sie zum Bahnhof und steigen Sie in den ersten Zug, der ankommt. Fahren Sie eine Weile mit und steigen Sie irgendwo wieder aus, wo es schön aussieht und wo Sie noch nie waren. Danach erkunden Sie die neue Gegend zu Fuß. Wenn Sie mehr sehen wollen, können Sie natürlich auch die Fahrräder mitnehmen.

136. An einem Survival-Training teilnehmen

Wie kann ein Feuer ohne Streichhölzer entfacht werden? Wie findet man im Wald notfalls Nahrung? Wie kann man Bach- oder Flusswasser zum Trinken aufbereiten? Wie schafft man es, sich nicht zu verirren? Und wie baut man sich eine Notunterkunft? All das erfahren Sie in einem Survival-Training. Dieses Wissen ist nicht nur spannend, sondern kann in manchen Lebenslagen durchaus sinnvoll sein.

137. In einem Leuchtturm schlafen

Leuchttürme werden in der Schifffahrt heute mehr und mehr durch moderne Technologien ersetzt. Doch die zahlreichen Leuchttürme in den Küstenregionen haben noch immer einen Zweck: Sie werden häufig als Übernachtungsquartiere vermietet. Eine Übernachtung im Leuchtturm ist romantisch, aufregend und garantiert unvergesslich. Wo es Leuchttürme zum Übernachten gibt und worauf Sie bei der Buchung achten sollten, erfahren Sie im Anhang L.

138. Einen Tag im Europa-Park in Rust verbringen

Der Europa-Park in Rust zählt zu den beliebtesten Vergnügungsparks weltweit. Mehr als 100 Fahrgeschäfte und Attraktionen warten darauf, von Ihnen entdeckt und ausprobiert zu werden. Nervenkitzel und Bauchkribbeln sind hier garantiert! Nehmen Sie sich am besten im Frühsommer außerhalb der Ferien in der Woche einen Tag frei, damit Sie alles ohne ellenlange Wartezeiten testen können.

139. In die Kältekammer wagen

Sie haben Lust, der Sommerhitze zu entkommen und sich so richtig schön abzukühlen? Dann statten Sie einer Kältekammer einen Besuch ab. Dort verbringen Sie etwa drei Minuten bei Temperaturen bis zu minus 150 Grad Celsius. Der Kälteschock soll mit zahlreichen positiven Auswirkungen auf die Gesundheit verbunden sein und erfordert natürlich viel Mut.

140. Klippenspringen

Apropos Mut: Eine Extraportion davon benötigen Sie auch bei einem Klippensprung in einen See oder ins Meer. Natürlich sollen Sie sich nicht einfach Hand in Hand von einer beliebigen Klippe stürzen. Aber: Sowohl in Deutschland als auch in den gängigen Urlaubsländern gibt es von Profis angeleitete Events, wo Klippensprünge ungefährlich möglich sind. Beliebte Adressen für Einsteiger sind der Wolfgangsee in Österreich und der Weißenbach bei Aschau in Deutschland.

141. Couchsurfing

Sie haben Lust auf Urlaub, aber die Kasse ist knapp? Dann probieren Sie es mit Couchsurfing. Laden Sie sich eine App wie BeWelcome herunter und bitten Sie die anderen Nutzer in der von Ihnen bevorzugten Region um eine Übernachtung. Das Tolle daran: Die Übernachtung ist beim Couchsurfing kostenlos für Sie – und nebenher lernen Sie auch noch tolle neue Leute kennen.

142. In einem Fluss schwimmen

In Deutschland ist es generell erlaubt, in Flüssen zu schwimmen – es sei denn, es ist ein Badeverbot ausgewiesen. Also schlüpfen Sie in Ihre Badebekleidung und wagen Sie sich einfach mal in einen Fluss in Ihrer Nähe. In dem reisenden Strom zu schwimmen ist etwas völlig anderes, als in einem Badesee oder Freibad zu planschen. Bleiben Sie aber immer in der Ufernähe, um im Zweifelsfall schnell an Land zu sein.

143. Flusswandern

Sie können das Schwimmen in einem Fluss noch etwas erweitern: Probieren Sie Flusswandern aus! Gerade bei großer Sommerhitze ist dies eine erfrischende Art des Wanderns, denn dabei durchqueren Sie durch das Flussbett. Teilweise sind nur Ihre Knie oder Knöchel vom Wasser bedeckt, zum Teil wird Ihnen das Wasser bis zum Hals reichen. Dementsprechend benötigen Sie eine wasserdichte Ausrüstung und die richtige Bekleidung.

144. Wasserski fahren

Wasserski sieht einfach aus, ist aber tatsächlich eine eher schwierige Sportart. Aber hier gilt das Motto: Übung macht den Meister! Und zu zweit macht es gleich doppelt Spaß. Selbst wenn Sie sich am Anfang nicht auf den Brettern halten können, verbringen Sie als Paar eine witzige Zeit und haben etwas Neues ausprobiert. Schnupperkurse werden an vielen deutschen Seen angeboten.

145. Waldbaden gehen

Sie haben keine Lust mehr auf überfüllte Strände und Freibäder an heißen Sommertagen? Dann probieren Sie es stattdessen mit Waldbaden. Dabei gehen Sie einfach – am besten barfuß – im Wald spazieren und nehmen Ihre Umgebung bewusst mit allen Sinnen wahr. Achten Sie auf Ihre Atmung, Ihr Gehör und Ihren Geruchssinn. Waldbaden baut Stress ab und entspannt. Der hohe Sauerstoffgehalt in der Luft hat viele positive Auswirkungen auf den ganzen Körper.

146. Die Stadt verschönern

Beim Guerilla Gardening geht es darum, die Stadt zu verschönern und Insekten mehr Nahrung zu bieten. Aus Dünger, Samen und Erde können Sie sich selbst Samenbomben herstellen. Alternativ gibt es auch fertige Samenbomben im Internet zu kaufen. Dann legen Sie los und verteilen das Saatgut an trostlosen Orten in Ihrer Stadt. Ganz legal ist die Sache nicht, da die Bepflanzung öffentlicher Flächen eine Genehmigung braucht. Holen Sie sich also eine Erlaubnis des Grünflächenamtes – oder lassen Sie sich nicht erwischen.

147. Einen Klettersteig erklimmen

In vielen bergigen Regionen Deutschlands gibt es präparierte Klettersteige. Diese können Sie entweder auf eigene Faust erklimmen oder zusammen mit einem Guide bewältigen. Je nach Steig benötigen Sie eine Ausrüstung und Erfahrung. Schöne Klettersteige in Deutschland, die auch für Einsteiger geeignet sind, finden Sie im Anhang M.

148. In der Skihalle Ski fahren

Sie lieben es, auf Skiern zu stehen, aber es ist noch lang bis zum nächsten Winter? Dann ab in die Skihalle. Dort herrschen Minusgrade, es gibt Sessellifte und sogar Anfängerkurse. Aber auch Après-Ski-Partys werden veranstaltet. Zu finden sind Skihallen in Deutschland vor allem im Norden und Westen, wo die Winter schneearm sind. Aber auch in Oberhof in Thüringen gibt es eine Skihalle, die einen Besuch wert ist.

149. Einen Wasserpark entdecken

Anders als in einem gewöhnlichen Schwimmbad können Sie in einem Wasserpark jede Menge Action erleben. Riesige Rutschen, Wasserkatapulte, Wellenbäder, ein freier Fall und viele andere Attraktionen sorgen für Wasserspaß. Hier können Sie sich noch einmal ein bisschen wie Kinder fühlen.

150. Im Sonnenaufgang wandern

Eine Wanderung im Sonnenaufgang ist ein einmaliges Erlebnis. Dafür müssen Sie einfach früh aufstehen. Starten Sie frühmorgens und wandern Sie, bis die Sonne aufgegangen ist. Genießen Sie die Stille und die magische Atmosphäre.

Das Tolle daran: Dieses kleine Abenteuer können Sie noch vor der Arbeit zusammen teilen.

151. Eine Nachtwanderung wagen

Schnappen Sie sich eine Taschenlampe und begeben Sie sich bei Sonnenuntergang auf den Weg zu einer Nachtwanderung durch den Wald. Es ist spannend, nachts die Natur und die Tiere zu beobachten – und kann auch ein bisschen gruselig werden. Bleiben Sie aber auf ausgewiesenen Wegen, um keine nachtaktiven Waldbewohner zu stören.

152. Beim Canyoning Mut beweisen

Beim Canyoning begehen Sie eine Schlucht von oben nach unten. Sie klettern, seilen sich ab, rutschen, springen, schwimmen und tauchen mit einer geeigneten Ausrüstung, um die Schluchten zu durchqueren. In Deutschland gibt es zum Beispiel im Allgäu und in Bayern für alle Interessierten die Möglichkeit, beim Einsteiger-Canyoning erste Erfahrungen zu sammeln.

153. Eine Nacht im Heu schlafen

Eine Nacht im duftenden Heu zu verbringen, ist eine romantische Idee für alle Paare. Keine Angst: Sie müssen sich nicht beim Bauern um die Ecke in die Scheune schleichen. Es gibt richtige Heuherbergen, wo Sie Übernachtungen buchen können. Dort schlafen Sie naturnah auf dem Heuboden oder in einem umgebauten Stall.

154. Den höchsten Berg in Ihrer Nähe besteigen

Finden Sie heraus, welcher der höchste Berg in Ihrer Gemeinde oder der näheren Umgebung ist. Je nachdem, wo Sie wohnen, kann es sich dabei um einen Hügel oder einen echten Berg handeln. Besteigen Sie den Gipfel gemeinsam und knipsen Sie ein paar Fotos, wenn Sie oben angekommen sind.

155. An der Nordsee durch das Watt wandern

Machen Sie bei Ihrem nächsten Urlaub an der Nordsee eine Wattwanderung. Entdecken Sie Wattschnecken, Wattwürmer und Krebse und waten Sie gemeinsam durch das Watt – entweder in Gummistiefeln oder gerne auch barfuß! Aber: Achten Sie auf Ihre Sicherheit. Wichtige Sicherheitsregeln finden Sie im Anhang N.

156. Pfeil und Bogen selber schnitzen

Suchen Sie nach einem dünnen, biegsamen Ast einer Haselnuss, um daraus einen Bogen zu basteln. Kerben Sie das Holz an beiden Enden mit dem Messer ein und befestigen Sie dazwischen die Sehne. Sie sollte so fest sein, dass sich der Bogen biegt. Schnitzen Sie aus geraden Stöcken einige Pfeile. Finden Sie dann heraus, wer von Ihnen beiden mehr Talent beim Bogenschießen hat.

157. Im Wald Holunderblüten sammeln

Im Juni steht der Holunder in voller Blüte. Er lässt sich einfach an seinen großen, weißen Blüten erkennen. Schnappen Sie sich ein Körbchen, sammeln Sie die Holunderblüten ein und zaubern Sie daheim gemeinsam etwas Köstliches daraus. Anregungen hierzu finden Sie im Anhang O.

158. Blind durch den Wald spazieren

Bei diesem Abenteuer müssen Sie beweisen, dass Sie einander blind vertrauen. Lassen Sie sich von Ihrem Partner oder Ihrer Partnerin die Augen verbinden und dann blind durch den Wald führen. Konzentrieren Sie sich auf Ihre anderen Sinne und entdecken Sie den Wald von einer neuen Seite. Nach einiger Zeit tauschen Sie die Rollen.

159. Einem Froschkonzert lauschen

Sie haben Lust auf ein gratis Konzert? Dann begeben Sie sich an einem Junitag in den Abendstunden zu einem See oder Teich. Dort werben männliche Wasserfrösche um eine Partnerin – und zwar mit lautstarkem Quaken. Lauschen Sie dem Froschkonzert am besten bei einem Picknick und genießen Sie Ihre kleine Auszeit vom trubeligen Alltag.

160. Ihren Wohnort als Tourist neu entdecken

Sie glauben, Sie kennen Ihren Wohnort in- und auswendig? Buchen Sie trotzdem eine Führung durch Ihre Stadt. Dann staunen Sie gemeinsam, wenn Sie merken, dass Sie noch viel Neues über Ihren Heimatort und dessen Geschichte und Sehenswürdigkeiten erfahren können. So bekommen Sie auf jeden Fall eine Menge Gesprächsstoff.

161. Einen See umrunden

Überall in Deutschland gibt es kleinere und größere Seen. Suchen Sie sich einen aus, der sich möglichst nahe dem Ufer umrunden lässt. Spazieren Sie Hand in Hand um den See – am besten bei Sonnenaufgang oder Sonnenuntergang. Genießen Sie die magische Atmosphäre und teilen Sie intensive Gespräche, während Sie auf die Wasseroberfläche blicken.

162. Eine Bikepacking-Tour starten

Nutzen Sie das Wochenende, um bei einer Bikepacking-Tour einfach mal herauszukommen und etwas Neues zu erleben. Beim Bikepacking gilt das Motto: Weniger ist mehr! Sie reisen mit minimalistischem Gepäck und bringen Ihre komplette Ausrüstung in geeigneten Taschen direkt am Fahrrad an. Dann kann Ihre Tour starten. Erkunden Sie Ihre Region, suchen Sie sich einen Ort zum Schlafen in der Natur und fahren Sie am nächsten Morgen weiter.

163. Mitten im Kornfeld schlafen

Schlafen Sie wie im bekannten Schlager gemeinsam mit Ihrem Partner oder Ihrer Partnerin in einem Kornfeld. Mit dem Sternenhimmel über Ihnen und den Weizenähren, die sie sich im Wind wiegen, wird es garantiert richtig romantisch. Es gibt einige Regionen in Deutschland und Österreich, wo Sie in der Sommerzeit Übernachtungen direkt im Kornfeld buchen können: minimalistisch, naturnah und abenteuerlich.

164. Am Strand in den Sonnenuntergang reiten

Jetzt wird es wirklich kitschig: Sie und Ihr Partner oder Ihre Partnerin sitzen auf dem Rücken zweier Pferde und reiten in den Sonnenuntergang. Das ist nicht nur eine romantische Vorstellung, sondern auch wirklich ein unvergessliches Erlebnis. Umsetzen können Sie Ihren Traum in vielen touristischen Regionen am Mittelmeer sowie an der Ost- und Nordsee. Reiterfahrungen sind von Vorteil, aber in der Regel kein Muss.

165. Einen Roadtrip machen

Sie haben noch keine Pläne für Ihren nächsten Urlaub? Verzichten Sie auf die klassische Pauschalreise, sondern starten Sie einen Roadtrip. Die Reise findet mit dem Auto oder Camper überwiegend auf der Straße statt. Der Roadtrip zeichnet sich durch spontane Routenänderungen, variable Zeitabläufe und Spontanität aus. Hierbei lernen Sie Land und Leute intensiv kennen und erleben viele ungeplante Abenteuer.

166. Im Hausboot schlafen

Ein Hausboot-Urlaub ist ein bisschen wie Camping, nur eben auf dem Wasser. Das Hausboot dient als Fortbewegungsmittel und Hotel gleichzeitig. Sie können damit die Umgebung erkunden und haben nachts eine Schlafgelegenheit. Das Tolle daran: Häufig benötigen Sie zum Steuern des Bootes nicht einmal einen Bootsführerschein. Das gilt zum Beispiel an der Mecklenburgischen Seenplatte.

Werden Sie selbst Kapitän Ihres Urlaubs und genießen Sie ein paar Tage auf dem Wasser.

167. Die Stadt bei Nacht erkunden

Anders als bei einer Nachtwanderung durch den Wald geht es bei einem nächtlichen Spaziergang durch Ihre Stadt darum, Ihr Zuhause mit neuen Augen zu betrachten. Erleben Sie die Sehenswürdigkeiten, für die Sie tagsüber kaum noch einen Blick übrig haben, einmal in der Dunkelheit. Wetten, dass auch Ihre Stadt in der Nacht ein mystisches und interessantes Flair versprüht?

168. Mit einem Tretboot übers Wasser fahren

Ob am Badesee, auf der Talsperre oder beim Urlaub am Meer: Fast überall können Sie heutzutage Tretboote ausleihen. Eine Ausfahrt mit dem Tretboot ist eine wunderbare Gelegenheit, sich die Umgebung vom Wasser aus anzuschauen und den überfüllten Stränden zu entkommen. Gönnen Sie sich eine Pause auf hoher See, springen oder rutschen Sie ins Wasser und tanken Sie dann Vitamin D in der Sonne.

169. Frühschwimmen im Freibad

Ein heißer Sommertag steht vor der Tür, aber die Arbeit ruft und Sie können nicht freinehmen? Stehen Sie eine Stunde früher auf als sonst und gehen Sie noch vor der Arbeit zum Frühschwimmen ins Freibad. Zu so früher Stunde ist das Freibad (fast) leer und Sie haben das Becken für sich. Treten Sie gegeneinander an: Wer schafft mehr Bahnen? Wer ist schneller? Danach geht es erfrischt und angenehm ausgepowert ab zum Job.

170. Nach Glühwürmchen suchen

Haben Sie schon einmal Glühwürmchen beobachtet? Nein? Dann wird es höchste Zeit! Begeben Sie sich in einer lauen Sommernacht auf die Suche. Die leuchtenden Würmchen finden Sie überall dort, wo die Natur intakt ist: in der Nähe von offenen Gewässern, an Waldrändern, auf feuchten Wiesen, in Weinbergen und in Gebüschen. In einem biologischen Garten mit vielen Strukturen haben Sie zudem gute Chancen, dass sich Glühwürmchen ansiedeln.

171. Mondscheinfahrt im Spreewald genießen

Es muss nicht immer Venedig sein, denn Romantik finden Sie auch in Deutschland. Im Spreewald gibt es diverse Anbieter, die im Sommer Mondscheinfahrten durch die Kanäle anbieten. Verbringen Sie in einer lauen Sommernacht ein paar Stunden auf dem Spreewaldkahn, schauen Sie sich den Sonnenuntergang an und lassen Sie sich ein Abendessen und Cocktails schmecken.

172. Blobbing testen

Blobbing ist witzig und spektakulär zugleich. So funktioniert es: Sie sitzen auf einem im Wasser schwimmenden Riesenkissen, das mit Luft gefüllt ist. Das ist der sogenannte „Blob". Ihr Partner oder Ihre Partnerin springt von einem Sprungturm auf den Blob, sodass Sie in hohem Bogen mitten ins Wasser katapultiert werden. Im Anschluss können Sie die Rollen tauschen.

173. Minigolf spielen

Testen Sie Ihr Können beim Minigolf! Sicher gibt es auch in Ihrer Nähe eine Minigolfbahn, die dazu einlädt, ein paar Bälle zu versenken. Sie können gegeneinander antreten oder als Team zusammenarbeiten, um möglichst schnell das Loch zu treffen. Das ist Ihnen zu langweilig? Aufregende Alternativen zum gewöhnlichen Minigolf sind auch Adventure-Golf oder Schwarzlicht-Minigolf.

174. Einen Rafting-Ausflug machen

Atemberaubende Naturlandschaften, rasante Abfahrten und eine erfrischende Abkühlung erleben Sie beim Wildwasserrafting. Es gibt zahlreiche Angebote in

Deutschland und Österreich: teilweise mit Übernachtung, teilweise in Kombination mit andern Outdoor-Aktivitäten. Wildwasserrafting ist hier zum Beispiel auf der Iller im Allgäu, auf der Isar in Süddeutschland, auf dem Rhein, auf der Ruhr oder im Schwarzwald möglich.

175. Den ganzen Tag im Bett verbringen

Die Sonne scheint, die Vögel zwitschern und alle strömen nach draußen. Doch es ist kein Muss, wirklich jeden Sommertag im Freien zu verbringen. Tun Sie einmal einfach das Gegenteil und bleiben Sie einen Tag lang zu zweit im Bett. Reißen Sie alle Fenster auf, frühstücken Sie im Bett, bestellen Sie sich etwas beim Lieferservice und schauen Sie einen Film nach dem anderen.

176. Durch den Rasensprenger rennen

Manchmal kann eine Auszeit zu zweit im Sommer so einfach sein: Schalten Sie den Rasensprenger an und rennen Sie Hand in Hand immer wieder durch das kühle Wasser, bis Ihnen vom Lachen der Bauch weh tut. Es stärkt die Liebe, solche kleinen Momente, die Ihnen in der Kindheit schon Freude bereitet haben, miteinander zu teilen.

177. Die größte Achterbahn im Vergnügungspark fahren

Egal, ob der Silver Star im Europa-Park, der Schwur des Kärnan im Hansa-Park, der Colossos im Heide Park oder der Huracan im Belantis: Steigen Sie gemeinsam in die größte Achterbahn in einem Vergnügungspark ein und erleben Sie Nervenkitzel pur. Zusammen ist die Überwindung zum Glück nicht ganz so groß und danach können Sie einander erleichtert in die Arme fallen – oder gleich noch einmal mitfahren.

178. Eine Pferderennbahn besuchen

Lassen Sie sich mitreißen von der Welt des Galopprennsports und schauen Sie den Vollblutpferden bei ihren Rennen zu. Natürlich darf die stilechte Kleidung hierbei nicht fehlen: Tragen Sie schicke Klamotten und einen edlen Hut. Einigen Sie sich auf ein Pferd und steigen Sie mit einem kleinen Wetteinsatz ein. Das genügt schon, um die Spannung beim Pferderennen zu erhöhen. Fiebern Sie mit, ob Ihr Pferd zuerst ins Ziel galoppiert!

179. Mit dem Jetski übers Meer brausen

Genießen Sie ein unbeschreibliches Gefühl der Freiheit und lassen Sie sich den Fahrtwind um die Ohren wehen, während Sie gemeinsam mit Ihrem Partner auf einem Jetski über die Wellen preschen. Sie können zu zweit auf dem Jetski sitzen oder jeder mietet sich ein Gefährt. Danach geht es mit bis zu 130 Kilometer pro Stunde über hohe See. In vielen Tourismusregionen am Mittelmeer können Sie ohne Führerschein Jetskis ausleihen und einfach losfahren. Teilweise werden Sie auch von einem Instruktor begleitet.

180. Eine Zeitkapsel vergraben

Der Sommer ist vorüber und der Herbst naht? Dann lassen Sie einige Schnappschüsse aus den letzten Monaten entwickeln, legen Sie diese in ein wetterfestes und wasserdichtes Gefäß und vergraben Sie es unter der Erde. Legen Sie sich im Kalender im Smartphone einen Termin in fünf oder zehn Jahren an, der Sie daran erinnert, Ihre Zeitkapsel wieder auszugraben. Es ist herrlich, dann noch einmal gemeinsam in den Erinnerungen an Ihren Sommer voller Abenteuer zu schwelgen!

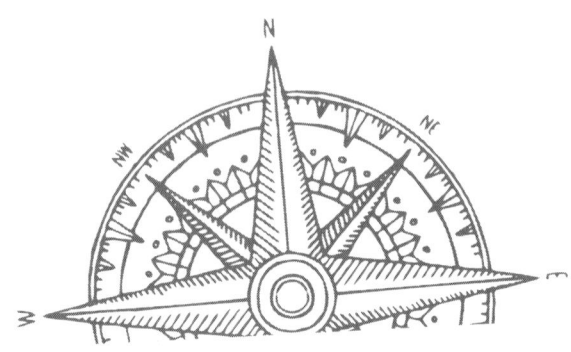

TEIL 8 ♡ IDEEN FÜR DEN HERBST

181. Ein Fotoshooting im Herbstwald machen

Bunte Blätter an den Bäumen und die tief stehende Sonne, die alles in ein warmes Licht taucht: Im Herbst sind die Voraussetzungen für schöne Paarfotos einfach perfekt. Machen Sie sich richtig hübsch und gehen Sie in den Herbstwald, um in dieser einzigartigen Kulisse Fotos von sich zu knipsen. Nutzen Sie einen Selfiestick, bauen Sie ein Stativ auf oder engagieren Sie einen Profifotografen.

182. Kerzen selber gießen

Die Tage werden kürzer und dunkler, also wird es Zeit, wieder mehr Kerzen anzubrennen. Nutzen Sie einen regnerischen Herbstnachmittag, um Ihre Kerzen selbst zu gießen. Welche Materialien Sie dafür benötigen und wie Sie genau vorgehen, können Sie im Anhang P nachlesen.

183. Im Regen wandern gehen

Wanderungen sind nur im Sommer toll? Auf keinen Fall! Suchen Sie sich einmal bewusst einen Regentag für die nächste Wanderung aus. Schlüpfen Sie in warme, regenfeste Kleidung und wandern Sie einfach los. Entdecken Sie den Wald oder die Berge bei Regenwetter und lernen Sie die Natur mit anderen Augen kennen. Danach kuscheln Sie sich bei einer Tasse heißem Tee auf dem Sofa unter Ihre Decke und wärmen sich wieder auf.

184. Frischen Apfelsaft selber pressen

Frischer, kalt gepresster Apfelsaft schmeckt am besten und steckt voller Vitamine. Also ziehen Sie mit einem Korb los und sammeln Sie etwa anderthalb Kilogramm Äpfel in der Natur. Danach zerkleinern Sie die Äpfel, um mit einer Apfelpresse Saft daraus herzustellen. Nun können Sie Ihren frisch gepressten Apfelsaft genießen. Wenn Sie möchten, experimentieren Sie mit weiteren Apfelsorten und organisieren eine richtige Apfelsaftverkostung.

185. Ein Maislabyrinth besuchen

Ein schönes Ausflugsziel im Herbst ist ein Maislabyrinth. Je nach Organisator können Sie sich hier nicht nur gemeinsam verirren, sondern an verschiedenen Stationen auch kleine Rätsel lösen oder mehr über den Mais erfahren. Meist ist auch für das leibliche Wohl gesorgt. Perfekte Bedingungen also für einen gelungenen Herbstnachmittag!

186. Paintball spielen

Beim Paintball können Sie zeigen, dass Sie ein eingeschworenes Team sind. Schleichen Sie sich von hinten an Ihre Gegner an und beschießen Sie sie mit den bunten Farbkugeln. Überwinden Sie Hindernisse, gehen Sie in Deckung und erleben Sie jede Menge Nervenkitzel bei dieser Indoor-Sportart, die sich perfekt für verregnete Herbsttage eignet.

187. Über einen Erntedankmarkt schlendern

Jedes Jahr im Herbst finden in vielen Regionen Erntedankmärkte statt. Fühlen Sie sich auch mitten in der Stadt wie auf dem Land, erfahren Sie etwas über alte Handwerkskunst und historische Landmaschinen und kaufen Sie regionale Köstlichkeiten ein. Auch Bauernhoftiere sind häufig mit vor Ort und können gestreichelt werden. Bei einem Erntedankmarkt kommen Sie definitiv in Herbststimmung.

188. In Pfützen springen

Es regnet in Strömen? Prima! Dann ziehen Sie sich Ihre Gummistiefel und die Regenjacken an und gehen Sie nach draußen. Spazieren Sie zu einem unebenen Feld- oder Waldweg mit vielen Pfützen und legen Sie los: Springen Sie Hand in Hand mit Anlauf hinein, hüpfen Sie von einer Pfütze zur nächsten oder versuchen Sie, über die Pfützen zu springen. Dieses Erlebnis hebt die Laune auch an trüben Regentagen!

189. Ein Oktoberfest besuchen

Es muss ja nicht unbedingt das überfüllte und überteuerte Oktoberfest in München sein. Schließlich gibt es in ganz Deutschland und Österreich auch kleinere Oktoberfeste. Werfen Sie sich in die typische bayerische Tracht und fühlen Sie sich wie in Bayern, auch wenn Sie nicht vor Ort sind – natürlich zünftig mit Weißbier, Weißwurst und Wiesn Musik.

190. Einen Morgenspaziergang im Nebel unternehmen

Prüfen Sie den Wetterbericht und halten Sie Ausschau nach einem Tag, der einen nebeligen Morgen verspricht. Dann stehen Sie früh auf, suchen sich eine spannende Destination in Ihrer Umgebung aus und fahren einfach los. Wandern Sie Hand in Hand im Morgengrauen durch geheimnisvolle Nebellandschaften und lassen Sie diese einzigartige Atmosphäre auf sich wirken.

191. Ein Dark Dinner besuchen

Wenn es draußen früh dunkel wird, ist die Gelegenheit für ein „Dinner In The Dark" optimal. Sie bekommen in völliger Dunkelheit ein köstliches Menü in mehreren Gängen serviert. Vertrauen Sie ganz auf Ihren Geschmacks- und Geruchssinn und rätseln Sie zusammen, was Sie da eigentlich gerade auf dem Teller haben.

192. Eine Höhle bauen

Wahrscheinlich haben Sie es als Kind geliebt, sich Höhlen zu bauen. Doch warum soll dieses Erlebnis nur Kindern vorbehalten sein? Nutzen Sie einen grauen Sonntagnachmittag, um sich daheim eine extragroße Höhle zu bauen. Lassen Sie Ihrer Kreativität freien Lauf und kreieren Sie sich aus Kartons, Kissen, Decken und anderen Gegenständen ein gemütliches Nest. Beleuchten Sie Ihre Höhle mit einer Lichterkette und verbringen Sie dort ein paar kuschelige Stunden.

193. Herbstdekoration selber basteln

Gerade im Herbst finden Sie in der Natur unzählige Materialien, die Sie zum Basteln Ihrer Herbstdekoration verwenden können. Spazieren Sie mit einem großen Korb durch den Wald und sammeln Sie Kastanien, Eicheln, Blätter, Zapfen, Bucheckern, Haselnüsse und alles, was Ihnen interessant vorkommt. Dann überlegen Sie zusammen, was Sie aus Ihren Schätzen basteln könnten, um Ihr Zuhause in eine herbstliche Atmosphäre zu versetzen.

194. Virtual Reality testen

Virtual Reality – eine von Computern simulierte Wirklichkeit – können Sie mittlerweile in vielen speziellen Events erleben. In sogenannten VR-Arcades haben Sie die Möglichkeit, in die virtuelle Welt einzutauchen. Gespielt wird, indem Sie Ihren Körper ganz normal bewegen, denn die VR-Technik überträgt

Ihre Bewegungen in die Spielwelt. Probieren Sie es aus und vertreiben Sie sich einen regnerischen Herbsttag in einer VR-Halle.

195. Flammkuchen und Federweißer im Wald genießen

Holen Sie an einem warmen Herbsttag noch einmal die Picknickdecke heraus. Jetzt dürfen in Ihrem Picknickkorb saisonale Köstlichkeiten wie Flammkuchen, Federweißer und Kürbisquiche nicht fehlen. Genießen Sie die letzten warmen Sonnenstrahlen des Jahres bei einem ausgedehnten Herbstpicknick mitten im Herbstwald!

196. Einen Wildpark besuchen

Der Herbst ist eine gute Gelegenheit für einen Besuch im Wildpark. Sie können gesammelte Kastanien mitnehmen und dort abgeben oder die Tiere vor Ort damit füttern. Kommen Sie den typischen Waldtieren wie Rehen, Hirschen und Wildschweinen ganz nahe. Nebenbei lernen Sie in einem Wildpark viel über die heimische Natur.

197. Eine Marshmallow-Party im Garten veranstalten

Ein kühler, aber trockener Herbsttag ist perfekt für eine Marshmallow-Party zu zweit im Garten. Dekorieren Sie Ihren Garten mit Lichterketten, stellen Sie eine Feuerschale auf und machen Sie es sich am Lagerfeuer gemütlich. Die Besonderheit: Nur Marshmallows dürfen gegrillt werden. Und wenn es Ihnen zu kühl wird, kuscheln Sie sich am Feuer eng unter einer warmen Decke zusammen.

198. Das Heimwerken lernen

Der Herbst und der Winter sind die besten Jahreszeiten, um Ihr Zuhause etwas zu verschönern und umzugestalten. Wenn Ihnen die handwerklichen Fähigkeiten dafür fehlen, füllen Sie Ihre Wissenslücken am besten frühzeitig im Herbst. In vielen Baumärkten gibt es Heimwerkerkurse, die Sie zusammen besuchen können. Oftmals sind diese sogar kostenlos oder sehr preiswert. Danach werden Sie in der Lage sein, Ihre Heimwerker-Projekte selbst zu realisieren – ein tolles Gefühl!

199. Eine eigene Teesorte kreieren

Teeliebhaber können die kühle Jahreszeit nutzen, um sich eine eigene Teesorte selber zu machen. Alles, was Sie benötigen, sind Kräuter und andere Zutaten wie Beeren oder Äpfel. Die frischen Zutaten müssen gut getrocknet werden – am besten im Ofen oder im Dörrautomaten. Danach können Sie die Teezutaten zerkleinern, vermischen und Ihren Tee nach Herzenslust zubereiten. Wie schmeckt der Tee Ihrer Liebe?

200. Eine Ruine in Ihrer Nähe erkunden

Überall in Europa finden Sie Ruinen von Kirchen, Klöstern, Burgen oder Leuchttürmen, die alte Geschichten längst vergangener Zeiten erzählen. Recherchieren Sie im Internet oder auf einer Karte und finden Sie eine Ruine in Ihrer Nähe. Dann nutzen Sie einen schönen Herbsttag, um diese zu entdecken, den Spuren der Geschichte zu folgen und ein paar Schnappschüsse mit der Kamera aufzunehmen.

201. Über einen Baumwipfelpfad gehen

In Deutschland gibt es etliche eindrucksvolle Baumwipfelpfade, die einen Spaziergang wert sind. Dazu gehören der Baumwipfelpfad Saarschleife, der Waldwipfelweg St. Englmar im Bayerischen Wald, der Bergwipfelpfad auf der Insel Rügen und der Baumkronenpfad Hainich in Thüringen. Natürlich lohnt sich ein solcher Ausflug über die Baumkronen vor allem im Herbst, wenn die Wälder in bunten Herbstfarben erscheinen und Sie durch ein wahres Farbenmeer laufen.

202. Ein Kürbisfeld besuchen und Kürbisse selber ernten

Der Kürbis ist das Herbstsymbol schlechthin! Es bietet sich also an, im Herbst einmal ein Kürbisfeld zu besuchen und die imposanten Kürbisse auf sich wirken zu lassen. Die orangefarbenen Felder sind zudem ein beliebtes Motiv für herbstliche Fotos. Bei dieser Gelegenheit können Sie ein paar Kürbisse ernten und mit nach Hause nehmen: zum Kochen, Backen, Dekorieren oder Schnitzen.

203. Einen Herbstkranz flechten

Herbstliche Kränze sind eine schöne Dekoration für die Haustür oder den Esstisch. Flechten Sie gemeinsam einen Herbstkranz mit bunten Blättern, Hagebutten und Kastanien! Sammeln Sie die benötigten Materialien bei einem Herbstspaziergang im Wald und legen Sie dann daheim los. Einen Link zu einer einfachen Anleitung finden Sie im Anhang Q.

204. Dem Konzert der Hirsche lauschen

Mit etwas Glück gelingt es Ihnen, im Herbstwald die Hirschbrunft zu hören. Mit lautem Röhren versuchen die Hirsche nun, ihre Besitzansprüche über ein Hirschkuhrudel geltend zu machen und eine geeignete Dame für die Paarung zu finden. Möchten Sie das imposante Spektakel einmal aus der Ferne miterleben, sollten Sie zur Dämmerung einen Waldspaziergang unternehmen. Vielerorts werden vom NABU auch Führungen zur Hirschbrunft angeboten.

205. Einen spannenden Hörbuch-Spaziergang im Herbstwald unternehmen

Finden Sie ein Hörbuch, das Ihnen beiden gefällt, laden Sie es auf Ihr Smartphone und teilen Sie sich die Kopfhörer wie ein frisch verliebtes Pärchen. Starten Sie das Hörbuch und spazieren Sie durch den farbenfrohen Herbstwald. Wann immer Sie ein gemütliches Plätzchen auf einer Bank entdecken, machen Sie eine Pause und sprechen Sie über die aktuellen Entwicklungen Ihres Hörbuchs. Das ist besser als jeder Filmabend!

206. Heimische Bäume kennenlernen

Erinnern Sie sich noch an den Sachunterricht in der Grundschule und die typischen Erkennungszeichen der heimischen Bäume? Wenn Sie Schwierigkeiten haben, die einzelnen Arten von Laub- und Nadelbäumen auseinanderzuhalten, füllen Sie im Herbst Ihre Wissenslücken gemeinsam. Vielleicht kennen Sie Bäume, die Ihr Partner oder Ihre Partnerin nicht zuordnen kann – oder umgekehrt. Smartphone-Apps wie Baum ID oder Baumführer erleichtern Ihnen die Bestimmung.

207. Waschmittel aus Kastanien herstellen

Kinder lieben es, im Wald die herabgefallenen Kastanien aufzusammeln. Auch auf uns Erwachsene üben Kastanien einen besonderen Reiz aus. Vielleicht wollen Sie Kastanien sammeln, aber wissen nicht, wofür Sie diese verwenden sollen? Dann stellen Sie nachhaltiges Waschmittel her: Einfach fünf Kastanien mit einem Messer zerkleinern, in ein Glas füllen, drei Stunden in lauwarmem Wasser einweichen, durch ein Sieb in ein anderes Gefäß schütten und als Waschmittel in die Waschmaschine füllen.

208. Eine Laternen-Wanderung zu zweit machen

Im November finden vielerorts die Sankt-Martins-Umzüge mit Laternen statt. Deutlich romantischer ist aber eine Laternen-Wanderung nur zu zweit. Kaufen Sie sich Laternen oder – noch besser – basteln Sie sich zwei Laternen wie in Ihrer Kindheit selber. Danach spazieren Sie bei Einbruch der Dämmerung los und wandern durch den Wald – nur Sie, Ihr Partner oder Ihre Partnerin und die Natur. Herrlich!

209. Über die Hängeseilbrücke Geierlay in Rheinland-Pfalz gehen

Für dieses kleine Herbstabenteuer sollten Sie schwindelfrei sein, denn es geht in 100 Meter Höhe. Besuchen Sie Deutschlands längste Hängeseilbrücke Geierlay in Rheinland-Pfalz und laufen Sie Hand in Hand darüber. Von der Brücke aus haben Sie im Herbst einen sagenhaften Ausblick auf ein buntes Farbenmeer aus Herbstbäumen. Halten Sie inne, genießen Sie die Aussicht und knipsen Sie ein romantisches Selfie!

210. Marmelade aus selbst gesammeltem Obst kochen

Fühlen Sie sich noch einmal wie früher bei Oma und kochen Sie im Herbst Marmelade ein. Dafür benötigen Sie nur Früchte und Gelierzucker. Also sammeln Sie in der Natur Quitten, Pflaumen, Äpfel und Birnen, um daheim in Teamarbeit köstliche Konfitüre herzustellen. Werden Sie selbst kreativ und zaubern Sie Ihre eigene Marmeladenkreation – zum Beispiel mit Kürbis, Zitrone oder Orange.

211. Eine Vorlesung in der Uni besuchen

Gerade Pärchen, die nie an einer Universität studiert haben, sollten wenigstens einmal im Leben an einer Vorlesung in einem Hörsaal teilnehmen. In den meisten Vorlesungen gibt es keine Teilnehmerlisten oder Anwesenheitskontrollen. Sie können sich einfach dazu setzen – und zwar am besten im Herbst, wenn das Wintersemester gerade begonnen hat. Dann fällt nämlich keinem Dozenten auf, dass Sie eigentlich nicht dazugehören.

212. Ein Musical besuchen

Auch wenn Sie normalerweise nicht viel für Gesang und Tanz übrig haben, sollten Sie als Paar unbedingt zusammen ein Musical besuchen. In Deutschland und Österreich gibt es viele spannende Shows. Kombinieren Sie Ihren Musicalbesuch am besten mit einer Hotelübernachtung und nutzen Sie die Gelegenheit, die Musicalstadt wie Stuttgart, Berlin oder Hamburg genauer kennenzulernen.

213. Einen Lost Place besichtigen

Lost Places – also verlassene Orte – üben eine magische Anziehungskraft aus und versprühen eine mystische, oft gruselige Atmosphäre. Hier können Sie beobachten, wie die Natur sich zurückerobert, was einst vom Menschen gebaut wurde. Sicher gibt es auch in Ihrer Nähe spannende Lost Places. Aber: Abgezäunte Grundstücke dürfen nicht betreten werden. Bekannte und legale Lost Places in Deutschland sind der Spreepark in Berlin, das Gefängnis im Amtsgericht Berlin-Köpenick, die Heilstätten Beelitz bei Berlin, das Stadtbad Leipzig und die Alte Porzellanfabrik in Arzberg in Bayern.

214. Ein Planetarium besuchen

Der Herbst zeigt sich von seiner trüben Seite, aber Sie haben dennoch Lust, den Sternenhimmel zu betrachten und zu entdecken? Dann ab ins Planetarium! Hier wird der aktuelle Sternenhimmel an die Decke projiziert. Sie können je nach Event auch ferne Galaxien, romantische Sonnenaufgänge oder andere seltene Spektakel am Himmel beobachten. Viele Planetarien bieten für Paare zudem Mondscheindinner an, um das romantische Erlebnis abzurunden.

215. Eine Kletterhalle besuchen

Wenn es draußen regnet, müssen Sie nicht auf dem Sofa hocken und auf besseres Wetter warten. Werden Sie aktiv und besuchen Sie eine Kletterhalle. Hier gibt es Kletterwände, die auch für Einsteiger gut geeignet sind. Klettern Sie zusammen in luftige Höhen. Wer hält länger durch, bis die Kraft in den Armen nachlässt? Wer traut sich auch an schwierigeren Wänden bis ganz nach oben?

216. An einem See saunieren

Eine Sauna am See bringt ein bisschen Sommerfeeling in den stürmischen Herbst. Erst schwitzen Sie zusammen und genießen dabei bestenfalls einen wunderschönen Ausblick auf einen See. Danach kühlen Sie sich direkt im kalten Badesee ab. Saunieren am See ist in vielen Orten Deutschlands möglich: zum

Beispiel in der Strandsauna Samoa auf Sylt, in der Schwimmenden Sauna am Ruppiner See, in der Sauna im See bei Leipzig oder der Saunaoase am Bodensee. In Österreich bietet der Weissensee in Kärnten zahllose Möglichkeiten.

217. Im Bahnwaggon übernachten

Sie haben schon wieder Fernweh, aber die nächste große Reise ist noch weit entfernt? Dann übernachten Sie in einem historischen Bahnwaggon. Hier schlägt nicht nur das Herz eines jeden Eisenbahnfans höher. Die Bahnwaggons sind wie Hotelzimmer ausgestattet und bieten jede Menge Komfort. Möglich sind solche Übernachtungen zum Beispiel im Kulturhafen Groß-Neuendorf, in Schmilau Ratzeburg, im Schlafwagenhotel Bahnhof Rehagen und in Bogen im Bayerischen Wald.

218. Durch Laubhaufen springen

Der Herbst bringt auch reichlich Arbeit mit – gerade für Gartenbesitzer. Machen Sie sich zu zweit einen Riesenspaß daraus: Türmen Sie das herabfallende Laub der Bäume zu einem großen Laubhaufen zusammen. Dann stürzen Sie sich Hand in Hand in den Laubhaufen, werfen es in die Höhe und beschmeißen sich damit. Tipp: Laden Sie noch eine dritte Person zu diesem Vergnügen ein, die witzige Fotos von Ihnen schießen kann.

219. Zusammen Pumpkin Spice Latte im Freien trinken

Im Herbst, wenn die Kürbisse geerntet werden, hat die Pumpkin Spice Latte Saison. Der Drink besteht aus Espresso, aufgeschäumter Milch und Kürbiskuchengewürz. Angeboten wird die Kaffeespezialität im Herbst in vielen Cafés, aber Sie können sich Ihre Pumpkin Spice Latte natürlich auch selber machen. Trinken Sie diese an einem schönen Herbstnachmittag zusammen im Freien und lassen Sie dabei die Seele baumeln.

220. Skateboardsegeln

Der Herbst hat viele windige Tage zu bieten, daher sind die Voraussetzungen für diese Outdoor-Sportart ideal. Sie stehen auf einem Longboard, an dem ein Segel befestigt wird, sodass Sie die Windenergie für die Fortbewegung nutzen. Windskaten ist eine tolle Alternative für alle, die im Sommer gerne Windsurfen. Besuchen Sie zu zweit einen Schnupperkurs bei einer Kiteschule und lernen Sie diese aufregende Sportart kennen.

221. Einen Slackline-Parcours überwinden

Wer hält besser die Balance? Wer konzentriert sich länger? Wer hat das größere Durchhaltevermögen? Finden Sie es heraus, indem Sie einen Slackline-Parcours überwinden. Slacklinen ist eine Trendsportart, bei der Sie auf einem dünnen Seil – der Slackline – balancieren. Es gibt in Deutschland viele öffentliche Slackline-Parcours. Natürlich können Sie sich auch im eigenen Garten eine oder mehrere Slacklines spannen, um Ihr Können auf die Probe zu stellen.

222. Süße Bratäpfel grillen

Auch wenn der Sommer vorbei ist, muss der Grill nicht kalt bleiben. Ziehen Sie sich einfach wärmer an und werfen Sie saisonales Grillgut auf den Grill. Passend zum Herbst sind gegrillte Bratäpfel, lecker gefüllt mit Marzipan, Rosinen und Mandelblättchen. Dazu ein bisschen Vanillesoße und die Gaumenfreude ist perfekt. Füttern Sie sich die süße Sünde gegenseitig und blicken Sie sich dabei tief in die Augen, um diesem romantischen Herbsterlebnis das i-Tüpfelchen aufzusetzen.

223. Ein Vogelhäuschen aufstellen

Heimische Vögel finden im Herbst und Winter kaum noch Nahrung. Tun Sie etwas Gutes und helfen Sie den Tieren, indem Sie ein Vogelhäuschen aufstellen und die Vögel regelmäßig füttern. Sie können ein Vogelhaus selber bauen oder fertig kaufen. Dasselbe gilt fürs Futter: Mischen Sie es nach Belieben zusammen oder besorgen Sie Fertigfutter. Wenn das Häuschen steht, können Sie sich mit einem Cappuccino auf die Terrasse setzen und über die ersten Besucher freuen.

224. Crossgolfen

Crossgolfen wird auch als Urbangolf bezeichnet. Es handelt sich hierbei um eine besondere Variante des Golfs, das fernab der klassischen Golfplätze gespielt wird – nämlich überall dort, wo es ausreichend Platz gibt. Geeignet sind Wiesenflächen, Brachflächen, Tagebauflächen oder alte Fabrikgelände. Die Ziele werden vor Ort abgesprochen. Weitere Informationen finden Sie in der Internetadresse im Anhang R.

225. Popcorn selber machen

Wenn es früher dunkel wird, verbringen Sie wahrscheinlich mehr Zeit auf dem Sofa und vor dem Fernseher. Bringen Sie ein bisschen Abwechslung und Romantik in Ihre Fernsehabende, indem Sie Popcorn selber machen. Einfach Öl in einem großen Topf erhitzen, Zucker einrühren und Popcornmais dazugeben. Legen Sie den Deckel auf den Topf und warten Sie, bis keine Plopp-Geräusche mehr zu hören sind. Jetzt ist Ihr Popcorn fertig!

226. In einem Trampolinpark austoben

In einem Trampolinpark können Sie Ihr inneres Kind herauslassen – und wunderbar zu zweit toben. Meistens finden Sie in den Parks einen Hindernisparcours, mehrere Trampolins und zahlreiche Klettermöglichkeiten. Powern Sie sich an einem regnerischen Herbstnachmittag so richtig aus und verbrennen Sie nebenher jede Menge Kalorien.

227. Einen Wochenendtrip in die Lüneburger Heide unternehmen

Zu den beliebtesten Ausflugszielen im Herbst gehört die Lüneburger Heide im Nordosten von Niedersachsen. Hier sollte jedes Paar einmal gewesen sein! Kommen Sie im Frühherbst, wenn die Heide in ihrer vollen Pracht steht und alles in ein violettes Meer taucht. Lassen Sie die einzigartige Landschaft auf sich wirken – zum Beispiel auf dem Machandel-Naturerlebnispfad.

228. Frisbee-Golf ausprobieren

Klassisches Golf ist nicht das Richtige für Sie? Dann könnte Frisbee-Golf eine Alternative sein. Sie schlagen keinen Ball, sondern werfen eine Frisbee-Scheibe. Das Ziel besteht darin, von einem Ausgangspunkt aus mit möglichst wenigen Würfen zu einem Korb zu gelangen und die Frisbee-Scheibe dort zu versenken. In Deutschland und Österreich gibt es unzählige Disc-Golf-Anlagen. Sicher werden Sie in Ihrer Nähe fündig.

229. Esskastanien in der Südpfalz genießen

Statten Sie im Herbst der Südpfalz einen Besuch ab, denn Anfang Oktober beginnt hier die Saison der Keschde. Das sind Esskastanien, die in dem milden Klima der Südpfalz hervorragend gedeihen und hier eine hohe Bedeutung haben. Im Herbst gibt es gesellige Kastanienfeste und Kastanienführungen für alle Interessierten. Begehen Sie den Pfälzer Keschdeweg und sammeln Sie selbst Edelkastanien, um sie später daheim zu rösten und zu genießen.

230. Lasertag spielen

Schon wieder Regen? Dann spielen Sie nicht auf der Konsole, sondern begeben Sie sich selbst aufs Spielfeld. Beim Lasertag befinden Sie sich in einer Halle mit Neonlicht und schießen mit Laserpointer-Waffen Ihre Gegner ab. Lasertag hat im Vergleich zu Paintball den Vorteil, dass es komplett schmerzfrei und sauber ist. Sie können sich aber genauso verstecken, anpirschen und Ihre Gegner in die

Enge treiben. Beweisen Sie in der Laser-Arena, dass Sie als Team unschlagbar sind und lassen Sie Ihre Gegner alt aussehen!

231. Ein außergewöhnliches Museum besuchen

Es gibt Paare, die lieben Museen und es gibt Museumsmuffel, die jegliche Museen meiden. Zum Glück existieren zahlreiche außergewöhnliche und verrückte Museen, die den eingefleischten Museumsfans ebenso eine große Freude bereiten wie denjenigen, die normalerweise einen großen Bogen darum machen. Wie wäre es mit dem Deutschen Spionagemuseum oder dem Deutschen Blinden-Museum in Berlin, dem Gießkannenmuseum in Gießen, dem Deutschen Automatenmuseum in Espelkamp oder dem Aischgründer Karpfenmuseum?

232. Am Festival of Lights teilnehmen

Im Oktober findet in Berlin traditionell das mehrtägige Festival of Lights statt. Zu dieser Zeit werden etliche Sehenswürdigkeiten in der Hauptstadt bunt illuminiert. Jedes Jahr gibt es ein anderes Motto, nach dem die Gebäude, Plätze und historischen Orte beleuchtet werden. Ein Ausflug nach Berlin ist zu dieser Zeit also definitiv lohnenswert und bietet die Möglichkeit für viele nächtliche Spaziergänge und romantische Entdeckungstouren ab 19 Uhr bis Mitternacht.

233. Einen Ausflug in den Nationalpark Jasmund unternehmen

Rügen ist immer einen Ausflug wert, aber der Nationalpark Jasmund ist im Herbst wirklich empfehlenswert. Eigentlich ist er wegen seiner Kreidefelsen berühmt, doch im Herbst kommen viele Besucher wegen des Buchenwaldes, der den Park umgibt. Er gehört zu den letzten reinen Buchenwäldern in Europa und zählt zum UNESCO-Weltnaturerbe. Im Herbst färbt er sich in goldenen Farben. Somit bildet er eine traumhafte Kulisse für einen romantischen Herbstspaziergang zu zweit.

234. Einen Baum pflanzen

Besuchen Sie zusammen eine Baumschule und erwerben Sie einen Baum, der zu Ihrem Garten passt. Graben Sie in Teamarbeit ein ausreichend großes Loch in die Erde und setzen Sie Ihren Baum hinein. Gießen Sie ihn großzügig an – und dann beobachten Sie ihn beim Wachsen. Wie Ihre Liebe wird er Jahr für Jahr größer und stärker und die Widrigkeiten des Lebens überstehen.

235. Den Sommer im Tropical Islands verlängern

Sie sind herbstmüde und hätten gerne den Sommer zurück? Dann verlängern Sie ihn im Tropical Islands in der Nähe von Berlin bei einem tropischen Pärchentag: Küssen Sie sich unter dem Wasserfall in der Lagune, liegen Sie unter Palmen am Sandstrand der Südsee und erleben Sie auf dem Wasserrutschen-Turm eine Menge Action. Natürlich können Sie auch nach Herzenslust saunieren und bei schönem Herbstwetter den Außenbereich entdecken. Sogar Übernachtungs-möglichkeiten direkt im Bad sind vorhanden.

236. Ein romantisches Moorbad genießen

Baden im dreckigen und matschigen Schlamm klingt vielleicht nicht besonders spaßig, gilt aber als äußerst gesund. Es soll Schmerzen reduzieren und Stress abbauen. In vielen Thermen und Spa-Centern haben Sie die Möglichkeit, ein Moorbad zu zweit zu buchen. Besonders romantisch wird es in der Saarow Therme in Bad Saarow: Dort genießen Sie Ihr 42 Grad Celsius warmes Moorbad in einem Pavillon direkt am Ufer bei Mondschein und blicken dabei auf den Scharmützelsee. Mehr Romantik geht kaum!

237. Ein Wachsfigurenmuseum besuchen

In Europa gibt es verschiedene Wachsfigurenmuseen: in Berlin, in Kolberg in Polen und in Barcelona. Ein Ausflug lohnt sich, wenn Sie schon immer einmal neben Prominenten, Politikern und Sportlern stehen wollten. Die lebensechten Wachsfiguren bieten tolle Motive für witzige Fotos. Posen Sie im Madame

Tussauds in Berlin zum Beispiel mit Manuel Neuer, Heidi Klum, Wincent Weiss oder den Helden aus Star Wars.

238. Einen ganzen Tag lang schweigen

Picken Sie sich in der kühlen Jahreszeit einen Tag (vorzugsweise am Wochenende) heraus, den Sie komplett schweigend verbringen. So beweisen Sie sich, dass Sie sich nach all der Zeit Ihrer Beziehung auch komplett ohne Worte verstehen. Nutzen Sie die Zeichensprache, die Mimik und andere kreative Kommunikationsmöglichkeiten. Um den Schwierigkeitsgrad zu steigern, kann auch das Schreiben von Nachrichten verboten sein.

239. Ein Igelhaus im Garten errichten

Im Herbst suchen viele Igel nach einem geeigneten Winterquartier. Unterstützen Sie die kleinen Säugetiere dabei! Ideal als Unterschlupf sind Haufen aus Reisig, Laub und Totholz. Sie können aber auch ein Igelhäuschen selber bauen oder eine Igelkuppel im Handel kaufen. Hat sich einmal ein Igel bei Ihnen eingenistet, bleibt er oft ein Leben lang da. Dann haben Sie auch gute Chancen, ihn ab und an zu beobachten.

240. Origami üben

Tauchen Sie zusammen ein in die Welt des Origami und beginnen Sie, Kraniche, Einhörner, Katzen, Schmetterlinge und andere Tiere zu falten. Sie benötigen lediglich Origami-Papier und geeignete Anleitungen, die Sie zum Beispiel auf YouTube finden. Starten Sie mit einfachen Figuren – und wenn Sie auf den Geschmack gekommen sind, können Sie richtige kleine Kunstwerke falten. So vergeht ein regnerischer Nachmittag im Nu und Sie haben gemeinsam etwas Schönes geschaffen.

241. Im Wald Pilze suchen

Herbstzeit ist die Hochsaison der essbaren Waldpilze! Also gehen Sie mit einem Körbchen, einem Taschenmesser und einem Pilzbestimmungsbuch in Ihren Lieblingswald und halten Sie Ausschau nach essbaren Pilzen. Fündig werden Sie vor allem auf nahezu kahlen, mit Moos und Flechten überwachsenen Waldböden. Deshalb sollten Anfänger im Nadelwald beginnen. Wenn Sie noch gar keine Erfahrung in der Pilzbestimmung haben, lohnt sich eine Pilzführung mit einem Profi.

242. Ein Brettspiel spielen

Sicher haben Sie früher gerne mit Ihrer Familie Brettspiele gespielt. Im Erwachsenenalter kommt dieses Vergnügen leider oft zu kurz. Doch der Herbst ist perfekt, um die Tradition wieder aufleben zu lassen. Spielen Sie die beliebten Klassiker bei einem ausgiebigen Spielenachmittag. Eine schöne Idee ist es auch, zusammen ein Brettspiel zu lernen, das Sie beide noch nicht beherrschen.

243. In einem Weinfass schlafen

Die Weinlese im Herbst ist eine gute Gelegenheit, um in einem übergroßen Weinfass zu schlafen. Diese Möglichkeiten haben Sie vor allem in den Weinregionen, wo Sie das Ereignis mit einer Wanderung durch die Weinberge und einer Weinverkostung verbinden können. Häufig gehören zwei Weinfässer zu Ihrer Übernachtungsmöglichkeit: das eine mit Bett und das andere mit Wohn- und Essbereich sowie Sanitäreinrichtung. Hier ist ungestörte Zweisamkeit garantiert!

244. Sich bei Ihrer Lieblings-TV-Show ins Publikum setzen

Jahr für Jahr schauen Sie sich Ihre Lieblings-TV-Show im Fernsehen an, waren aber noch nie live vor Ort? Das muss sich ändern. Nach der Sommerpause starten im Herbst wieder viele Shows, für die Sie Tickets erwerben können. Anders als häufig angenommen, sind die Preise dafür in der Regel gar nicht so hoch. Also gönnen Sie sich dieses Erlebnis und finden Sie heraus, wie es hinter den Kulissen der Show aussieht oder was während der Werbepause im Studio geschieht.

245. Eine Erotikmesse besuchen

Jetzt wird es prickelnd! Trauen Sie sich und besuchen Sie zu zweit eine Erotikmesse wie die Venus in Berlin, die traditionell im Oktober stattfindet. Hier präsentieren Aussteller aus aller Welt Sexspielzeuge, Drogerieprodukte, Neuheiten und vieles mehr. Die Produkte werden meist zu vergünstigten Messepreisen angeboten, sodass Sie hier den einen oder anderen sinnlichen Artikel für mehr Erotik in der Partnerschaft preiswert erwerben können. Abgerundet wird der Messebesuch durch ein erotisches Unterhaltungsprogramm.

246. Ein Tropenhaus besichtigen

Ein Tropenhaus ist an stürmischen und kalten Herbsttagen die beste Chance, dem ungemütlichen Wetter zu entkommen. Hier erwarten Sie feuchtwarme Temperaturen und viele tropische Pflanzen, Insekten und teils auch andere Tiere. Tropenhäuser oder Schmetterlingshäuser sind in den meisten botanischen Gärten zu finden. Bekannte Beispiele sind das Amazonienhaus der Wilhelma in Stuttgart, die Biosphäre in Potsdam und das Gondwanaland in Leipzig.

247. Nach Bernstein suchen

Bernstein gilt als Gold der Meere – und das hat auch einen guten Grund. Für ein Gramm Bernstein bekommen Sie etwa 60 Euro. Bei hoher Qualität sind sogar noch höhere Preise möglich. Es lohnt sich also, auf Bernstein-Jagd zu gehen. Dafür stehen die Chancen im Herbst nach einer stürmischen Nacht besonders gut. Fündig werden Sie an der Ostsee ebenso wie an der Nordsee, aber Sie sollten früh aufstehen, um der Konkurrenz einen Schritt voraus zu sein.

248. Zusammen an einem Fahrsicherheitstraining teilnehmen

Im Herbst und Winter werden die Verhältnisse auf den Straßen schwieriger. Schlechtes Licht, nasses Laub, überfrierende Nässe, Schnee und Matsch – all das trägt dazu bei, dass die Unfallgefahr zunimmt. Nehmen Sie gemeinsam an einem Fahrsicherheitstraining teil und lernen Sie, wie Sie in entscheidenden Situationen richtig reagieren. Das Training macht nicht nur Spaß, sondern wird Sie auch beruhigen, wenn Ihr Partner oder Ihre Partnerin in Zukunft an trüben Herbsttagen ins Auto steigt.

249. Gemeinsam Gitarrenunterricht nehmen

Es ist nie zu spät, ein Instrument zu lernen! Nutzen Sie die dunkle Jahreszeit, um Gitarre zu lernen oder Ihre Fähigkeiten auszubauen. Nehmen Sie zusammen Gitarrenunterricht. Stellen Sie sich vor, wie romantisch es wäre, beim nächsten Lagerfeuer im Frühjahr ein paar Lieder auf der Gitarre spielen zu können.

250. In einer Karaokebar auftreten

Karaokebars gibt es in jeder größeren Stadt. Hier können Sie zusammen in ausgelassener Atmosphäre mit Cocktails und Snacks dem schiefen Gesang der anderen Gäste lauschen. Nach ein paar Drinks wagen Sie sich dann nach vorne und trällern ein romantisches Duett. Egal, ob Sie die Töne treffen oder nicht: Dieses Erlebnis wird Sie auch noch Jahre später zum Lächeln bringen.

251. Beim Shoppen für den anderen ein Outfit auswählen

Verregnete Samstagnachmittage im Herbst sind ideal für eine ausgiebige Shoppingtour. Statt sich selbst Ihre Kleidung auszusuchen, lassen Sie das den jeweils anderen übernehmen. Wie gut kennen Sie den Kleidungsgeschmack Ihres Partners oder Ihrer Partnerin? Natürlich können Sie sich auch verrückte Outfits aussuchen, um sich dann bei der Anprobe in der Umkleidekabine schlappzulachen.

252. Blackminton spielen

Blackminton gilt als Partyvariante von Speedminton. Die Trendsportart wird in völliger Dunkelheit gespielt. Fluoreszierende Farben, Neonlicht und Partymusik verleihen dem Sport das gewisse Etwas. Mit leuchtenden Schlägern schießen Sie sich einen leuchtenden Ball durch einen ansonsten stockfinsteren Raum hin und her – und leuchten dabei selbst. Es entsteht eine gruselige, aber coole Atmosphäre. Erkundigen Sie sich nach Blackminton-Events in Ihrer Nähe für ein unvergessliches herbstliches Erlebnis.

253. Drachen steigen lassen

Kinder lieben es, Drachen steigen zu lassen. Doch auch im Erwachsenenalter müssen Sie nicht auf dieses Herbsthighlight verzichten. Besorgen Sie sich einen Lenkdrachen für Erwachsene und nutzen Sie einen windigen Herbsttag, um Ihren Drachen abheben zu lassen. Es ist gar nicht so einfach, den Drachen in der Luft zu lenken – doch mit Teamarbeit gelingt es Ihnen sicher.

254. Zaubern lernen

Mit ein paar Zaubertricks sind Sie das Highlight auf jeder Party. Lernen Sie zu zweit in einem Zauberseminar, wie Sie Ihre Zuschauer nachhaltig täuschen. Dafür benötigen Sie lediglich Spielkarten und ein paar Alltagsgegenstände. Nach Ihrem gemeinsamen Zauberkurs können Sie dann Ihre Freunde und Familie verblüffen und begeistern, wenn Sie aus dem Stegreif Zaubertricks vorführen – und unter Beweis stellen, wie gut Sie als Paar funktionieren.

255. Die Abgeschiedenheit auf Helgoland genießen

Die knapp einen Quadratkilometer große Insel Helgoland liegt fast 50 Kilometer vom Festland Deutschlands entfernt. Als Reisezeit bietet sich vor allem der Herbst an, wenn Sie weitestgehend ungestörte Zweisamkeit genießen möchten. Wandern Sie den Klippenwanderweg entlang oder suchen Sie bei Ebbe nach einem Herbststurm die Düne nach Muscheln, Seesternen, Seeigeln und Bernstein ab. Obendrein können Sie auf der Nordseeinsel seltene Singvögel beobachten, die in Scharen auf Helgoland Rast halten, bevor sie weiter ziehen.

256. Eine Auszeit in der Salzgrotte genießen

Gönnen Sie sich einen Ausflug in die Salzgrotte, um dem herbstlichen Regenwetter zu entkommen und einfach mal zu relaxen. Umgeben von Unmengen an Salz hören Sie gemeinsam leiser Entspannungsmusik zu und üben sich in Achtsamkeit mit sich selbst. Nach etwa 60 Minuten werden Sie sich fühlen wie nach einem wohltuenden Spaziergang am Meer. Die mit Salz angereicherte Luft soll sich gesundheitsfördernd auf die Atemwege auswirken. Überdies ist ein Salzgrottenbesuch eine tolle Auszeit vom stressigen Alltag.

257. Einen Wellnesstag daheim veranstalten

Wellnesstage in der Therme oder im Spa sind zwar Balsam für die Seele, aber auch ganz schön teuer und immer mit einem gewissen Anreiseaufwand verbunden. Deshalb veranstalten Sie doch einfach Ihren Wellnesstag daheim in Ihren eigenen vier Wänden. Das Tolle daran: Sie können völlig selbst entscheiden, wie Ihr Wellnesstag aussehen soll. Wie wäre es mit einem Frühstück im Bett, einem Schaumbad zu zweit, selbst gemachten Gesichtsmasken, partnerschaftlichen Massagen und einer Runde Yoga im Herbstwald?

258. Sich im Modellbau versuchen

Der Modellbau ist ein tolles Hobby für die kalte Jahreszeit, bei der Sie wieder einmal beweisen können, wie gut Sie als Team harmonieren. Wälzen Sie zusammen die Kataloge und Onlineshops und finden Sie ein Modell für Einsteiger, an das Sie sich wagen möchten. Ob Flugzeug, Kreuzfahrtschiff, Auto oder Helikopter: Stück für Stück vollenden Sie Ihr Modell. Danach haben Sie ein in Partnerarbeit gebautes Unikat, um Ihre Wohnung zu verschönern.

259. Bei einem Ehrenamt engagieren

Sicher gibt es da eine Sache, die Ihnen wichtig ist und für die Sie sich beide einsetzen möchten. Sie könnten den lokalen Sportverein unterstützen, beim örtlichen Tierheim helfen oder sich bei der Flüchtlingshilfe engagieren. Ganz egal, wofür Sie sich entscheiden, mit einem Ehrenamt tun Sie etwas Gutes, verbringen Zeit gemeinsam, vertreiben sich die dunkle Jahreszeit und stehen für etwas ein, das Sie miteinander verbindet.

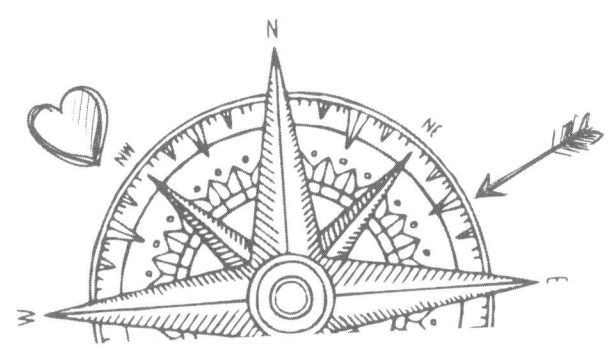

HALLOWEEN-SPECIAL♥
10 IDEEN FÜR DIE HALLOWEEN-BUCKET-LIST

260. Einen Kürbis schnitzen

Einen Kürbis auszuhöhlen und ihm ein Gesicht zu schnitzen, gehört einfach zu Halloween dazu – egal, ob Sie Halloween lieben oder nicht. Verpassen Sie Ihrem Kürbis ruhig ein individuelles und außergewöhnliches Gesicht. Wie wäre es mit Herzaugen, einer Zahnspange oder einer herausragenden Zunge? Lassen Sie Ihrer Kreativität freien Lauf. Ideen und Anleitungen finden Sie im Internet zur Genüge!

261. Ein Partnerkostüm tragen

Sie sind zu einer Halloweenparty eingeladen? Dann erscheinen Sie in einem gruseligen Partnerkostüm. Verkleiden Sie sich als zwei Zombies, als Batman und Batgirl, als Vampire oder als Joker und Harley Quinn. Egal, wofür Sie sich entscheiden, Hauptsache Ihre Verkleidung hat den Gruselfaktor. Im gespenstischen Partnerlook sind Sie garantiert die Hingucker auf jeder Party.

262. Ein Spukhaus besuchen

In Deutschland gibt es mehrere Spukhäuser, die vor allem rund um Halloween zahlreiche Schaulustige anziehen. Um die Orte kreisen mystische Gerüchte und gruselige Geschichten. Ein bekanntes Beispiel ist das Gutshaus Fühlingen in Köln. In der alten Villa ereigneten sich mehrere Todesfälle. Aber auch das Geisterhaus Hohensyburg bei Dortmund und das Gut Schleifenhaus in Haan bei Düsseldorf sind bekannte Gebäude, in denen es spuken soll.

263. Einen Horrorfilmabend veranstalten

Sie wollen Halloween daheim verbringen? Dann kuscheln Sie sich unter warme Decken, stellen Sie ein paar Snacks bereit und starten Sie einen Horrorfilmabend. Wenn der eine gruselige Film den nächsten ablöst, ist eine schaurige Halloween-Stimmung garantiert. Auch für Romantik ist gesorgt, wenn Sie sich aneinander festklammern oder zur Beruhigung Händchen halten.

264. Einen Ort aus einem Horrorfilm besuchen

Die schlechte Nachricht: Die meisten hochkarätigen Horrorfilme werden in den USA produziert. Aber: Es gibt auch Klassiker mit deutschen Drehorten, die Sie sich anschauen können. Der allererste Horrorfilm der Welt „Nosferatu" beispielsweise wurde 1921 in Wismar aufgenommen. Der Gruselfilm „Heilstätten" hat seinen Drehort in einem verlassenen Sanatorium am Grabowsee. Auch hier sorgt eine Besichtigung rund um Halloween für einen besonderen Gruselfaktor.

265. In einem Geisterhotel übernachten

Sie können es an Halloween gar nicht fürchterlich genug haben? Dann verbringen Sie die Halloweennacht doch in einem Gruselhotel! Hier sorgen virtuelle Geister, eine unheimliche Atmosphäre und gespenstische Geschichten für Gruselgarantie. Möglich sind Horror-Übernachtungen zum Beispiel in der mystischen Mühle in der sächsischen Neißeaue, in dem Gruselhotel in Berlin oder in dem Baumhaushotel in Baden-Württemberg. Auch Österreich hat mit dem Gruselhotel im Burgenland einen Ort für schaurige Übernachtungen zu bieten.

266. Einen Horrorfilm selber drehen

Eine düstere Location, zwei Kostüme, eine Kamera und eine grauenvolle Story: Mehr benötigen Sie nicht, um sich einen eigenen 2-Personen-Horrorfilm zu drehen. Überlegen Sie zusammen, was in Ihrem Gruselfilm passieren könnte oder stellen Sie eine Szene aus einem bekannten Horrorfilm nach. Bei dieser Aktion zählt weniger das Ergebnis, sondern vielmehr der Spaß bei der Sache.

267. Ein schauriges Gruselmenü kochen

Für einen gruseligen Halloweenabend zu zweit bietet es sich an, ein wirklich schauriges Menü zu zaubern. Starten Sie mit einer Kürbissuppe im Hexen-kessel, bevor Sie ein paar Cracker-Spinnen servieren. Auch Mumien-Würstchen, Vampir-Burger, Spinnenpizza oder Geister-Muffins passen perfekt zu Ihrem Halloweendinner. Das gemeinsame Kochen macht dabei ebenso viel Spaß wie das anschließende Dinieren. Viele weitere Ideen für schaurig-schöne Halloween-leckereien finden Sie im Anhang S.

268. Bei einem Gruseldinner teilnehmen

Bei einem Gruseldinner haben Sie die optimale Gelegenheit, schaurig-schöne Stunden zu zweit zu erleben. Je nach Veranstalter handelt es sich hierbei um Dinnershows, bei denen gruselige Theaterstücke wie Dr. Jekyll & Mr. Hyde oder Jack the Ripper aufgeführt werden – meist verpackt mit einer Extraportion Witz. Nebenbei genießen Sie Ihr mehrgängiges Eventdinner. Spielorte für Gru-seldinner finden Sie sicher auch in Ihrer Nähe. Fest steht: Ein solches Dinner

bildet das perfekte Rahmenprogramm für einen unvergesslichen Halloweenabend.

269. Im Vergnügungspark Geisterbahn fahren

Ein Besuch im Vergnügungspark lohnt sich auch an Halloween. Die meisten
Freizeitparks stellen an diesem Tag eine umfangreiche Halloweendekoration auf
die Beine. Außerdem gibt es schaurige Halloweenevents, die den ganz besonderen Gruselfaktor mitbringen. Abgerundet wird Ihr ganz besonderer Hallo-
weentag dann natürlich durch einen Besuch in der Geisterachterbahn. Hier
können Sie sich so richtig schön gruseln und erschrecken lassen – und sich dabei
eng aneinander kuscheln.

TEIL 4 ♥ IDEEN FÜR DEN WINTER

270. In einer heißen Quelle baden

Heiße Quellen gibt es normalerweise vor allem dort, wo im Untergrund vulkanische Aktivitäten herrschen. Dennoch existieren sie nicht nur in Japan oder Island, sondern auch in Deutschland: zum Beispiel in Baden-Baden, in Aachen, in Wiesbaden oder in Erding. Hier können Sie auch bei winterlicher Kälte im mollig warmen Wasser baden. In unseren Breitengraden entstehen die heißen Quellen aber durch tief reichende Strömungssysteme. Das Wasser zirkuliert bis in die tiefsten Erdschichten, wodurch es sich erhitzt. Wie auch immer: Romantisch ist so ein winterliches Bad in einer heißen Quelle auf jeden Fall!

271. Einen Schneemann bauen

Wann haben Sie zuletzt einen Schneemann gebaut? Wahrscheinlich ist das schon viele Jahre her und war irgendwann in Ihrer Kindheit oder Jugend. Also nutzen Sie den allerersten Schnee des Jahres, um einen Schneemann zu bauen. Das geht im eigenen Garten ebenso gut wie im Park oder im Wald. Lassen Sie

Ihrer Kreativität freien Lauf: Ihr Schneemann könnte zum Beispiel auf dem Kopf stehen oder auf einem Spielplatz auf der Schaukel sitzen.

272. Zusammen Schlitten fahren

Ein Winter ohne Schlittenfahren? In der Kindheit undenkbar. Erwachsene verzichten jedoch meist auf das winterliche Vergnügen. Dabei sorgt die schnelle Abfahrt über den verschneiten Abhang für viel Kribbeln im Bauch. Also setzen Sie sich gemeinsam auf einen großen Schlitten und sausen Sie den Hang hinab. Sie haben keinen Schlitten zur Hand? Genauso gut eignen sich auch Müllsäcke, Duschvorhänge, Babypools oder Luftmatratzen für einen lustigen Rodelnachmittag.

273. Einander vor dem Kamin gegenseitig aus einem Buch vorlesen

Es gibt wohl kaum etwas Romantischeres als an einem Winterabend vor dem knisternden Feuer des Kamins (alternativ geht auch ein flackerndes Windlicht) zu sitzen und zu lesen. Das klappt auch gemeinsam: Schnappen Sie sich ein Buch, das Sie beide mögen, und lesen Sie einander vor. Nach jedem Kapitel wird getauscht. Durch das laute Vorlesen können Sie die Atmosphäre und Story viel spannender übermitteln als bei der stillen Lektüre. Außerdem haben Sie Zeit miteinander statt nur nebeneinander verbracht.

274. Ein großes Puzzle fertigstellen

Puzzeln entschleunigt, entspannt und verbindet. Daher ist es eine tolle Indoor-Aktivität für kalte Wintertage. Gehen Sie bummeln und suchen Sie sich ein Puzzle aus, das Ihnen beiden gefällt. Dann machen Sie es sich daheim bei einer Tasse Tee gemütlich und puzzeln einfach darauf los. Stellen Sie das Puzzle gemeinsam fertig und freuen Sie sich am Ende darüber, dass Sie die Geduld hatten, jedes Teil an die richtige Stelle zu setzen.

275. Im Schnee grillen

Wenn Ihr Garten in eine dicke Schicht Schnee gehüllt ist, bietet es sich an, ein Wintergrillen zu veranstalten. Ziehen Sie sich warm an und dann ab nach draußen! Legen Sie romantische Musik auf, zünden Sie Kerzen und Fackeln an und grillen Sie Bratwurst, Steak oder Grillkäse. Dazu gibt es natürlich heißen Glühwein oder Punsch.

276. In einem Iglu schlafen

Zugegeben: Sie benötigen eine Menge Schnee, um dieses kleine Abenteuer zusammen zu erleben und leider hat nicht jeder Winter genug Schnee zu bieten. Wenn es aber doch einmal einen schneereichen Winter gibt, legen Sie los und bauen sich ein Iglu. Eine ausführliche Schritt-für-Schritt-Anleitung haben wir im Anhang T für Sie verlinkt. Sobald Ihr Iglu fertig ist, verbringen Sie zusammen eine Nacht darin. Sie werden überrascht sein, wie gut der Schnee die Kälte von draußen abhält.

277. Eine Schneeballschlacht machen

Der Anblick einer verschneiten Winterlandschaft weckt in jedem von uns Erinnerungen an die Kindheit. Lassen Sie Ihr inneres Kind heraus und nutzen Sie den Schnee, um sich so richtig schön auszupowern. Liefern Sie sich eine hitzige Schneeballschlacht inklusive Anpirschen, Verstecken, Kreischen und Wegrennen – und zwar ohne die belustigten Blicke Ihrer Mitmenschen zu beachten.

278. In einem Bubble-Hotel übernachten

Sie haben Lust, unter dem Sternenhimmel zu schlafen, aber es ist im Winter viel zu kalt? Auf den nächsten Sommer wollen Sie auch nicht warten? Dann buchen Sie sich eine Übernachtung im Bubble-Hotel. Dabei handelt es sich um ein durchsichtiges Zelt in Form einer Blase, das im Winter gemütlich beheizt wird. Anders als beim Camping haben Sie einen freien Blick auf den Himmel – und zwar bei jedem Wetter. Der Panoramablick auf die verschneite Winterlandschaft ist grandios!

279. Seifenblasen gefrieren lassen

Nutzen Sie einen klirrend kalten Wintertag, um Seifenblasen gefrieren zu lassen. Sie benötigen mindestens -10 Grad Celsius. Je kälter, desto besser. Außerdem sollte möglichst kein Wind wehen. Pusten Sie vorsichtig eine möglichst große Seifenblase auf eine ebene Unterlage. Dann warten Sie einen Moment, bevor Sie Ihr Kunstwerk bestaunen. Am besten halten Sie die Seifenblase mit ihren Kristallmustern auch mit der Kamera bildlich für die Ewigkeit fest.

280. In einem Casino um Geld spielen

Verlassen Sie Ihre heimische Couch, werfen Sie sich in Schale und statten Sie einem Casino einen Besuch ab. Stellen Sie Ihr Glück auf die Probe und spielen Sie einmal um echtes Geld. Halten Sie Ihre Einsätze niedrig, denn es soll um das Spielen an sich und nicht um den großen Gewinn gehen. Hören Sie auf, wenn es am schönsten ist – und seien Sie nicht traurig, falls Sie häufig verlieren. Wie heißt es so schön: Pech im Spiel, Glück in der Liebe.

281. Spuren im Wald verfolgen

Wer ist denn hier entlang gelaufen? Im Wald können Sie im Schnee die Spuren von Fuchs, Hase, Reh, Hirsch und Wildschwein gut erkennen. Schauen Sie bei einem Winterspaziergang genau hin und rätseln Sie, zu welchem Tier der Abdruck gehört. Falls Sie Schwierigkeiten haben, die Fährten zu lesen, nehmen Sie sich ein Bestimmungsbuch oder eine App mit.

282. Wellness im Spa genießen

Sie sehen sich nach Entspannung und Wärme? Dann verbringen Sie einen Tag in einer Spa-Wellness-Lounge und genießen Sie umfangreiche Angebote für

Paare. Lassen Sie sich bei einer Partnermassage durchkneten, gönnen Sie sich eine Kneipp-Kur, relaxen Sie bei einem Hot-Stone-Treatment oder ruhen Sie sich auf einer Softpack-Liege aus. So ein Wellness-Tag birgt viele romantische Momente zu zweit und vor allem eine tolle Möglichkeit, dem Stress des Alltags zu entkommen.

283. Mit einem Schneemobil fahren

In nordischen Ländern ist das Schneemobil das wichtigste Verkehrsmittel für die Fortbewegung. Hierzulande dienen Schneemobile allerdings vor allem zum Freizeitvergnügen. In Wintersportregionen in Deutschland können Sie dennoch ein Schneemobil mieten, um mit bis zu 100 Kilometer pro Stunde durch die Winterlandschaft zu düsen. Aber: Ziehen Sie sich warm an, denn auf einem Schneemobil kann es schnell eisig kalt werden.

284. Ein Indoor-Picknick machen

Wenn es draußen für ein Picknick viel zu eisig ist, können Sie es einfach nach drinnen verlegen. Breiten Sie die Picknickdecke aus und servieren Sie saisonales Fingerfood. Ob gefüllte Wraps, belegte Brote, Obstsalat, Kuchen im Glas, Muffins oder Pizzaschnecken: Lassen Sie sich Ihr Picknick in den eigenen vier Wänden schmecken! Stimmungsvolle Lieder im Hintergrund und Kerzenschein runden die romantische Atmosphäre ab.

285. Windlichter selber basteln

Nicht nur zur Weihnachtszeit zünden wir gerne Kerzen und Lichter an, auch davor und danach ist es schön, das eigene Zuhause an dunklen Wintertagen leuchten zu lassen. Besonders hübsch werden Ihre eigenen vier Wände mit selbst gebastelten Windlichtern – und nebenbei haben Sie gemeinsam eine schöne Aufgabe zu zweit. Tolle Anleitungen haben wir im Anhang U für Sie verlinkt.

286. An einem Krimidinner teilnehmen

Bei einem Krimidinner sieht die Speisekarte etwas anders aus als sonst: Nervenkitzel, Unterhaltung und ungeklärte Mordfälle stehen auf dem Programm. Während Sie bei Kerzenschein ein 3-Gänge-Menü zu sich nehmen, inszeniert der Veranstalter auf der Bühne ein Krimi-Theaterstück. Gemeinsam mit Ihrem Partner oder Ihrer Partnerin rätseln Sie mit, um den mysteriösen Mordfall zu lösen. Somit ist ein Krimidinner eine spannende Idee für ein Date in den Wintermonaten, bei dem sicher keine Langweile aufkommt.

287. In einem Iglu-Hotel übernachten

Der Winter ist schneearm und Sie wollen nicht darauf warten, bis genügend Schnee für ein selbst gebautes Iglu gefallen ist? Dann übernachten Sie in einem Iglu-Hotel. In der Schweiz, in Österreich und in Deutschland auf der Zugspitze gibt es Iglu-Dörfer mitten in den Bergen, wo Sie die Nacht im Schnee verbringen können. Dort genießen Sie einen hohen Komfort dank Restaurant, Sauna, Whirlpool und Bar, schlafen aber dennoch naturnah.

288. Eine wilde Kissenschlacht anzetteln

Beginnen Sie einen kalten Wintertag am Wochenende einmal auf ganz andere Weise. Öffnen Sie in Ihrem Schlafzimmer alle Fenster und starten Sie eine wilde Kissenschlacht. Toben Sie sich auf dem Bett so richtig aus, noch bevor Sie überhaupt aufgestanden sind. Das trainiert die Lachmuskeln und setzt direkt am Morgen viele Glückshormone frei.

289. Snowkiten

Adrenalin pur erleben Sie beim winterlichen Snowkiten! Sie stehen auf Skiern oder dem Snowboard und halten das Kitesegel in den Händen. Mit der Windenergie werden Sie auch auf ebenem Gelände richtig schnell und brausen durch die Winterlandschaft. Professioneller Unterricht ist empfehlenswert, denn aufgrund der hohen Geschwindigkeiten besteht Verletzungsgefahr. Snowkiteschulen finden Sie im hessischen Fulda auf der Wasserkuppe, in Oberwiesenthal im Fichtelgebirge und am Achensee im österreichischen Tirol.

290. Eine Eisbahn im Garten anlegen

Für dieses winterliche Vergnügen benötigen Sie nicht viel: ausreichend niedrige Temperaturen, eine große freie Fläche im Garten und Wasser. Schließen Sie einen Wasserschlauch in der Küche oder im Bad an oder fluten Sie die Fläche mit Wassereimern. Sie benötigen nicht viel Wasser, denn die Nässe überfriert auf dem kalten Boden sofort. Danach können Sie in Ihrem eigenen Garten Schlittschuh laufen – am besten bei Sonnenuntergang zu romantischer Musik.

291. Ein romantisches Candle-Light-Dinner im Schnee genießen

Warten Sie, bis Ihr Garten in eine dicke Schicht Schnee gehüllt ist und dann holen Sie den Gartentisch und die Stühle aus dem Gartenhäuschen. Decken Sie romantisch ein, kochen Sie sich ein 3-Gänge-Menü und genießen Sie es mitten im Schnee bei Kerzenschein. Eine Feuerschale sorgt zusätzlich für Wärme. Sie haben keinen eigenen Garten? Das Candle-Light-Dinner im Schnee funktioniert auch auf dem Balkon.

292. Im Heißluftballon die Alpen überqueren

Bei der Alpenüberquerung im Heißluftballon handelt sich hierbei um ein Abenteuer, das Sie bestimmt nicht bereuen und niemals vergessen werden – wenngleich der finanzielle und logistische Aufwand hier höher ist. Die Alpenüberquerung beginnt am Alpennordrand in Deutschland. Sie dauert etwa vier Stunden, bis der Ballon je nach Windrichtung zwischen Venedig und Mailand landet. Währenddessen genießen Sie eine sensationelle Fernsicht über die Alpen. Mehr Informationen finden Sie im Anhang V.

293. Ein Schneeengelpärchen machen

Lassen Sie sich einfach fallen – und zwar rücklings mitten in eine schneebedeckte Fläche. Breiten Sie Arme und Beine aus und rudern Sie damit hoch und runter beziehungsweise hin und her. Danach stehen Sie vorsichtig wieder auf und betrachten Ihr Schneeengelpärchen. Natürlich können Sie noch ein Foto Ihres Kunstwerks knipsen.

294. Eine Schneeschuhwanderung ausprobieren

Die dicke Schneedecke knirscht unter den Schuhen, die schneebedeckte Landschaft glitzert in der Sonne und die eiskalte Luft weht Ihnen um die Nase – schöner kann der Winter kaum sein. Beim Schneeschuhwandern können Sie die atemberaubende Natur in vollen Zügen genießen, ohne dass dafür ein Kurs erforderlich wäre. Schöner Nebeneffekt: Sie bewegen sich abseits der überfüllten Pisten und genießen ungestörte Zweisamkeit mitten in der Natur. Herrlich!

295. Barfuß durch den Schnee laufen

Es hat geschneit? Dann drehen Sie direkt am Morgen eine Runde durch den verschneiten Garten – und zwar Hand in Hand und barfuß! Das erfrischt, wirkt anregend auf den Kreislauf, aktiviert den Stoffwechsel und fördert die Durchblutung. Ihre morgendliche Müdigkeit ist danach wie weggeblasen und Ihr Geist mit guter Laune gefüllt. Dieses Ritual können Sie jeden Morgen wiederholen. Sie werden sehen, dass Sie schon bald länger als nur einige Minuten barfuß im Schnee aushalten.

296. Beim winterlichen Husky-Trekking durch den Harz wandern

Huskys, die Schlittenhunde mit den eisblauen Augen, finden mit ihrem ausgeprägten Orientierungssinn auch bei starkem Schneefall noch den Weg. Lernen Sie die Tiere beim Husky-Trekking im Harz hautnah kennen! Sie werden durch Bauchgurt und Rückdämpferleine mit einem Husky verbunden und wandern dann durch das norddeutsche Mittelgebirge. Spüren Sie die Zugkraft des Hundes am eigenen Leib und bestaunen Sie nebenher die wunderschöne Winterlandschaft.

297. Eine Husky-Schlittenfahrt machen

Sie wollen nicht selber laufen, sondern sich lieber von den Schlittenhunden ziehen lassen? Dann ist eine Husky-Schlittenfahrt das Richtige für Sie. Nehmen Sie zusammen Platz auf einem Hundeschlitten und lassen Sie sich von den Huskys mit Geschwindigkeiten von bis zu 30 Kilometer pro Stunde durch die Winterlandschaft ziehen. Husky-Schlittenfahrten können Sie unter anderem im bayerischen Allgäu, in Warth-Schröcken in Österreich oder im Husky Camp Muotathal in der Schweiz erleben.

298. Eisstockschießen ausprobieren

Eisstockschießen ist dem geselligen Boule sehr ähnlich. Es geht darum, das Ziel so genau wie möglich zu treffen. Sie nehmen den runden Eisstock am Stiel in die Hand und lassen ihn schwungvoll über eine Eisfläche gleiten. Das Ziel besteht darin, möglichst nah an die Daube zu gelangen – eine runde Gummischeibe mit Loch. Eisstockbahnen gibt es den ganzen Winter über in vielen deutschen Großstädten und Wintersportorten.

299. Eine kulinarische Weltreise machen

In der dunklen, kalten Jahreszeit packt viele Menschen das Fernweh. Doch die nächste Urlaubsreise liegt oft noch in weiter Ferne. Begeben Sie sich einfach einen Tag lang auf eine kulinarische Weltreise. Beginnen Sie mit einem typisch amerikanischen Frühstück mit Bacon, Rührei und Bohnen. Zum Mittag servieren Sie asiatische Kokossuppe und italienische Pizza, nachmittags genießen Sie süßen Kaiserschmarrn aus der Alpenküche und abends gibt es mexikanische Tacos mit viel Chili.

300. Heiße Schokolade mit Marshmallows trinken

Sie hatten einen schlechten Tag oder sind so langsam wintermüde? Dann verkriechen Sie sich gemeinsam im Bett und lassen Sie einfach den ganzen Stress und alle negativen Gedanken hinter sich. Der perfekte Seelentröster dabei: eine heiße Schokolade mit Marshmallows. Es muss nicht immer Action sein. Manchmal sorgen auch die ganz kleinen Dinge für Entspannung und Romantik.

301. Ein Auto-Picknick machen

Füllen Sie Thermobecher mit heißem Tee, Kaffee oder Kinderpunsch und packen Sie sich ein paar Picknicksnacks ein. Dann fahren Sie mit dem Auto zu einem landschaftlich schönen Ort in der Natur, klappen die Autositze um und breiten die Picknickdecke im Kofferraum aus. Mummeln Sie sich in warme Decken ein und genießen Sie den winterlichen Ausblick, während Sie heiße Getränke schlürfen und Snacks knabbern.

302. Schokoladenfondue naschen

Jeder kennt schokolierte Früchte vom Weihnachtsmarkt. Diese Leckerei können Sie zu Hause nachmachen. Sie benötigen Früchte Ihrer Wahl wie Äpfel, Bananen oder Kiwis – und natürlich Schokolade. Schneiden Sie das Obst in handliche Stücke und schmelzen Sie die Schokolade im heißen Wasserbad oder im speziellen Schokofondue-Set. Danach tauchen Sie das Obst in die flüssige Schokolade und genießen es – am besten bei Kerzenschein.

303. Eisbaden

Überall in Deutschland, aber auch in Österreich und der Schweiz treffen sich den ganzen Winter über hart gesottene Wasserratten, die selbst bei Temperaturen um den Gefrierpunkt herum im See schwimmen. Ja, es kostet Überwindung, im Winter in das kalte Wasser zu gehen, aber es ist auch ein lustiges Erlebnis. Obendrein soll das Winterbaden sogar gesundheitsfördernd sein. Also ab ins eiskalte Nass der Elbe, des Starnberger Sees oder der Ostsee.

304. In den Sonnenaufgang fahren

Entkommen Sie dem Alltagstrott, indem Sie an einem Wochentag zwei Stunden früher aufstehen als sonst. Steigen Sie ins Auto und machen Sie eine morgendliche Spritztour durch die Dunkelheit. Hören Sie Ihre Lieblingssongs im Radio und nutzen Sie diese seltene gemeinsame Zeit für ein schönes Gespräch. Dann beobachten Sie den Sonnenaufgang von einem schönen Aussichtspunkt aus. Wenn es klappt, frühstücken Sie auf dem Heimweg noch in einem Café und beginnen schließlich Ihren Arbeitstag voller Energie.

305. Badesalz selber herstellen und darin baden

Badesalz ist sehr einfach selbst herzustellen: Sie benötigen Meersalz, ätherische Duftöle und getrocknete Blumen oder Blütenblätter wie Lavendel und Rose. Kreieren Sie selber ein Badesalz, das perfekt zu Ihnen passt und gönnen Sie sich dann an einem kalten Wintertag ein ausgiebiges, heißes Vollbad zu zweit.

306. Die Ostsee im Winter erleben

Die meisten Pärchen besuchen die Ostsee nur im Sommer – und das ist schade. Nutzen Sie ein verlängertes Wochenende für einen winterlichen Ausflug an die Ostsee. Nie ist der Strand so leer wie jetzt, wo es stürmt und weht und nie ist das Meer so beeindruckend wie bei klirrender Kälte. Bei längeren Kälteperioden kann es sogar passieren, dass die Ostsee vereist, was ein wunderschöner Anblick ist. Aber auch ohne Eis im Meer lohnt sich ein winterlicher Spaziergang am Strand für jedes Paar.

307. In der längsten Nacht des Jahres im Auto schlafen

Wenn die Temperaturen nicht ganz so eisig sind, können Sie Ihren Schlafplatz für eine Nacht ins Auto verlegen. Ideal dafür ist die längste Nacht des Jahres am 21. Dezember. Bei wolkenlosem Himmel haben Sie dann viel Zeit, Sternbilder zu schauen. Klappen Sie die Sitze um, legen Sie eine Luftmatratze ins Auto, ziehen Sie sich dick an und kuscheln Sie sich in den Schlafsack. Ihr Auto ist zu klein? Dann können Sie die längste Nacht des Jahres mit der passenden Ausrüstung auch im Zelt verbringen.

308. Richtig massieren lernen

Sich gegenseitig zu massieren, ist ein wunderbar sinnliches und romantisches Erlebnis. Doch viele Laien trauen sich gar nicht so richtig, fest zuzugreifen – aus Angst, dem anderen wehzutun. Bauen Sie Ihre Scheu ab und lernen Sie, wie es wirklich geht: in einem Massagekurs für Paare. Hier bekommen Sie die wichtigsten Handgriffe gezeigt und können alle Fragen stellen, die Ihnen auf der Seele brennen.

309. Ein Insektenhotel bauen

Insekten befinden sich in der kalten Jahreszeit in der Winterstarre oder haben sich für ihren Winterschlaf verpuppt. Dennoch lohnt es sich, jetzt schon ein Insektenhotel zu bauen. Sobald die Temperaturen nach oben klettern, finden Insekten dann nämlich eine geeignete Behausung bei Ihnen im Garten und können sich in Ruhe um die Nahrungsaufnahme kümmern. Bauanleitungen finden Sie auf der Website des NABU, die im Anhang W verlinkt ist.

310. Bei Kaiserwetter mit der Kamera durch die Natur streifen

Der Himmel ist wolkenlos und blau, die Sonne strahlt vom Himmel und die Landschaft ist von einer dicken Schneeschicht bedeckt: Es ist Kaiserwetter! Die Natur sieht an diesen Tagen bezaubernd aus, also unternehmen Sie einen Spaziergang zu dritt: Sie, Ihr Partner oder Ihre Partnerin und die Kamera. Halten Sie die verschneiten Bäume, Wege, Zäune und Sträucher auf Fotos fest. Mit etwas Glück läuft Ihnen sogar ein Reh oder ein Fuchs vor die Kamera.

311. Eine Schneebar bauen und eine Winterparty veranstalten

Geben Sie eine Winterparty in Ihrem Garten und servieren Sie die Drinks direkt aus Ihrer selbst gebauten Schneebar. Das funktioniert ganz ähnlich wie der Bau eines Iglus. Den Link zu einer Bauanleitung finden Sie im Anhang X. Mit ein paar Lichterketten und einer Feuerschale wird Ihre Schneebar zum Highlight Ihrer winterlichen Gartenparty!

312. Gemeinsam eine Kampfsportart lernen

Stärken Sie Ihr Selbstbewusstsein, verbrennen Sie Kalorien und verbringen Sie eine tolle Zeit zusammen, indem Sie eine Kampfsportart lernen. Für Einsteiger sind Judo, Krav Maga, Karate und Aikido ideal. Das Tolle am Kampfsport: Sie trainieren nicht nur Ihren Körper, sondern halten auch Ihren Kopf fit, weil Sie sich die teils komplexen Bewegungsabläufe merken müssen.

313. Eisangeln gehen

Auf vielen Gewässern in Mecklenburg-Vorpommern können Sie im Winter die Angelrute auswerfen. Eisangeln erfordert viel Geduld, warme Kleidung und starke Nerven. Schließlich sitzen gegebenenfalls mehrere Stunden bei Minusgraden neben einem Loch auf einem zugefrorenen See. Natürlich können Sie sich aber mit Glühwein oder Tee aus der Thermoskanne warm halten. Für Anfänger eignet sich ein geführtes Eisfischen-Erlebnis.

314. Mit der Zunge die Schneeflocken auffangen

Der erste Schnee fällt sanft auf die Erde nieder. Was für ein magischer Moment! Ziehen Sie sich warm an und gehen Sie nach draußen. Spazieren Sie Hand in Hand durch die Natur und fangen Sie die herabfallenden Schneeflocken mit der Zunge auf, bevor sie den Boden berühren können. Was Kindern so viel Freude bereitet, zaubert auch uns Erwachsenen ein Lächeln ins Gesicht.

315. Nordlichter beobachten

Um Polarlichter zu sehen, empfiehlt sich von Deutschland aus eine Reise auf die Nordhalbkugel. In Norwegen, Schweden, Finnland und Island stehen die Chancen gut, dass Sie das Naturspektakel am Himmel beobachten können. Die Lichter tanzen meist in Grün oder Rot, teilweise aber auch in Gelb, Rosa, Violett oder Blau über den Nachthimmel. Es ist unheimlich romantisch, die Nordlichter zu betrachten und eine gute Gelegenheit für einzigartige Fotoaufnahmen.

316. Ein Tagebuch zu zweit schreiben

Der Winter ist die Zeit, in der wir viel nachdenken. Ein guter Augenblick also, um ein Tagebuch zu zweit zu beginnen. Jeder von Ihnen schreibt am Abend seine Erlebnisse, Gedanken und Gefühle des Tages auf. Am nächsten Abend lesen Sie die Einträge des jeweils anderen vom Vortag, bevor Sie die nächste Seite füllen. So lernen Sie die Gedanken- und Gefühlswelt Ihres Partners oder Ihrer Partnerin besser kennen und können respektvoller miteinander umgehen.

317. Einen Tag im Pyjama bleiben

Warum immer schick anziehen, wenn Sie im Winter ohnehin (fast) den ganzen Tag daheim bleiben? Verzichten Sie einfach mal auf jeglichen Dresscode und verbringen Sie den ganzen Tag im Pyjama. Der Schlafanzug ist das gemütlichste Kleidungsstück im Schrank: Nichts zwickt, nichts kneift, nichts drückt. Lassen Sie es sich an Ihrem Pyjama-Tag so richtig gut gehen: Essen Sie Chips aus der Tüte, löffeln Sie Eis direkt aus der Packung und lassen Sie sich durch nichts aus der Ruhe bringen.

318. In einer Berghütte übernachten

Sehnen Sie sich nach einer Auszeit vom trubeligen Alltag, nach Natur, nach Abgeschiedenheit und einer atemberaubenden Landschaft? Dann verbinden Sie eine Winterwanderung in den Bergen mit einer Übernachtung in einer

Berghütte. Herrliche Hütten gibt es in Bayern oder im Almdorf Sankt Johann in Österreich. Entschleunigen Sie in einer Welt ohne Lärm und Hektik, umgeben von der prächtigen Winterlandschaft.

319. Den Kleiderschrank ausmisten und Kleidung spenden

Sie haben mal wieder etwas zu viel Zeit und keine Lust auf eine große Unternehmung? Dann stellen Sie sich zu zweit vor Ihren Kleiderschrank und sortieren Sie alte Kleidung aus. Alles, was Sie nicht mehr benötigen, können Sie spenden. Gerade im Winter benötigen viele Menschen in Not dringend warme Kleidung. Erfreuen Sie sich am Abend über das angenehme Gefühl, etwas Gutes getan zu haben.

320. Thanksgiving feiern

Am vierten Donnerstag im November feiert man in den USA ganz groß Thanksgiving. Probieren Sie einmal aus, ob sich diese Tradition auch für Sie eignet: Laden Sie Ihre Familie ein und servieren Sie einen gebratenen Truthahn sowie Kürbiskuchen. Nutzen Sie die Gelegenheit und erzählen Sie, wofür Sie in diesem Jahr besonders dankbar waren.

321. Über einen vereisten See Schlittschuh laufen

Ganz egal, ob Sie schon einmal auf Schlittschuhen standen oder blutige Anfänger sind: Probieren Sie es aus! Gleiten Sie Hand in Hand über einen zugefrorenen See in den Sonnenuntergang hinein. Vielleicht sind die ersten Versuche noch wackelig, aber nach einer Weile werden Sie immer mutiger und schneller. Dabei weht Ihnen der kalte Wind um die Nase und vielleicht tanzen auch ein paar Schneeflocken durch die Luft. Der Winter ist zu mild? Dann können Sie eine Eishalle besuchen, aber das ist leider nicht ganz so romantisch wie ein vereister See in der Winterlandschaft.

322. Einen Curling-Schnupperkurs belegen

Sie stehen auf Schlittschuhen längst sicher auf dem Eis? Dann testen Sie Curling! Es handelt sich hierbei um eine Mischung aus Eisstockschießen und taktischen Überlegungen wie im Schach. Bei dieser Wintersportart arbeiten Sie als Paar zusammen und stellen unter Beweis, wie gut Sie auf der Eisfläche harmonieren. Anfänger lernen in einem Curling-Schnupperkurs alle Regeln und Techniken für ein erfolgreiches Spiel.

323. Eisfallklettern

Dort, wo im Sommer Wassermassen herabstürzen, können Sie im Winter das Eisfallklettern ausprobieren. Dabei klettern Sie gesichert und von Bergführern begleitet einen gefrorenen Wasserfall nach oben – mit Seil, Steigeisen, Eisgeräten und Klettergurt. Vorab bekommen Sie eine theoretische Schulung zu den Kletter- und Sicherungstechniken. Genießen Sie gemeinsam ein Event mit einer Extraportion Nervenkitzel – zum Beispiel in Tirol oder in Interlaken in der Schweiz.

324. An einem mittelalterlichen Ritteressen teilnehmen

Es muss nicht immer ein luxuriöses Candle-Light-Dinner sein. Unternehmen Sie einmal eine kleine Zeitreise in die Vergangenheit und verbringen Sie mittelalterliche Stunden bei einem Ritteressen. Lassen Sie Ihre Tischmanieren daheim, schmatzen und rülpsen Sie nach Belieben und essen Sie mit den Fingern. Häufig ist ein passendes Rahmenprogramm inklusive, das durch Gaukler und Spielleute inszeniert wird.

325. Einen ganzen Tag lang Märchenfilme schauen

Winterzeit ist Märchenzeit! Ein grauer Wintertag ist perfekt, um in märchenhafte Welten abzutauchen und Kindheitserinnerungen zu wecken. Machen Sie es sich bei Kerzenschein mit ein paar Snacks auf dem Sofa bequem und schauen Sie ein Märchen nach dem anderen. Beginnen Sie mit den Lieblingsmärchen aus

Ihrer Kindheit und erweitern Sie dann Ihren Märchenhorizont, indem Sie auch Neuverfilmungen oder unbekanntere Märchen anschauen.

326. Wie im Märchen übernachten

Lassen Sie die Realität und Märchenfilme hinter sich und verbringen Sie selbst einen Tag wie in einem Märchen oder Disney-Film. In jeder Region gibt es märchenhafte Schlosshotels, wo Sie in einem historischen Gemäuer speisen und übernachten können. Fühlen Sie sich wie Prinz und Prinzessin und genießen Sie die Kombination aus Geschichte und Moderne.

327. Ein Märchenhaus oder Märchenmuseum besuchen

Ein Märchenhaus oder -museum bringt nicht nur die Herzen von Kindern oder Märchenfans zum Höherschlagen. Jedes Paar sollte sich einmal in seinem Leben auf die Spuren von Wilhelm Busch oder der Brüder Grimm begeben. Märchen-häuser sind voll mit Fundstücken längst vergangener Zeiten. Sie ermöglichen individuelle Führungen und interaktive Erlebnisse in einer märchenhaften Welt. Beispiele sind die Wilhelm-Busch-Mühle in Ebergötzen, das Museum Brüder-Grimm-Haus in Steinau und das Frau-Holle-Museum in Hessisch Lichtenau.

328. Einen Maskenball besuchen

Es bleibt weiterhin märchenhaft wie bei Aschenputtel, die ihren großen Moment auf einem Maskenball hat. Viele solche Veranstaltungen finden in der Winter-zeit statt. Erkundigen Sie sich nach Terminen in Ihrer Nähe, wählen Sie eine schöne Maske aus und verbringen Sie einen Abend wie Cinderella und ihr Prinz im Märchen.

329. Zusammen Skifahren (lernen)

Skifahren ist eine klassische Wintersportart, die jedes Paar einmal gemeinsam ausprobieren sollte. Spielen Sie mit der Balance und erleben Sie gemeinsam im

Rausch der Geschwindigkeit den ultimativen Adrenalinkick. Nebenbei genießen Sie traumhafte Aussichten auf die verschneite Bergwelt. Probieren Sie es aus und machen Sie bei Bedarf einfach zusammen einen Skikurs!

330. Zusammen Snowboarden (lernen)

Skifahren ist für Sie nichts Neues mehr? Dann ist Snowboarden eine noch etwas anspruchsvollere Alternative. Erlernen Sie die nötigen Bewegungsabläufe am besten in einem Kurs für Anfänger und üben Sie gemeinsam, bis Sie sicher auf den Boards stehen. Danach können Sie schon bald die ersten Hänge hinabbrausen. Wie stolz werden Sie sein, dass Sie sich diese neue Herausforderung zusammen getraut haben!

331. Einen Skisprung-Kurs belegen

Wenn Sie zu den erfahrenen Wintersportlern gehören, sind Skifahren und Snowboarden nichts Außergewöhnliches mehr für Sie. Wir haben aber noch eine Alternative, die Sie wahrscheinlich noch nicht ausprobiert haben: einen Skisprung-Kurs für Anfänger. Skispringen ist eine faszinierende, aber auch nicht ganz ungefährliche Sportart. Doch es gibt Kurse für Anfänger, wo Sie alle Grundlagen lernen und Ihre ersten Sprünge auf verkürzten Skisprungschanzen durchführen. Hier ist für einen winterlichen Adrenalinkick gesorgt!

332. Ein Käse-Fondue im Schnee genießen

Es hat geschneit und die Welt ist unter einer weißen Decke versteckt? Dann ziehen Sie sich warm an, packen Sie Brot, Käse und den Campingkocher ein und brechen Sie auf zu einer Winterwanderung. Sobald der kleine Hunger sich meldet, machen Sie an einem schönen Aussichtspunkt Halt und bereiten sich mit dem Campingkocher ein Käse-Fondue zu. Kuscheln Sie sich aneinander und genießen Sie Brotstücke und herzhaften Käse in einer herrlichen Winterkulisse.

333. Ein Theater besuchen

Gerade bei jüngeren Paaren steht der klassische Theaterbesuch nicht besonders hoch im Kurs. In Zeiten von Streaming-Angeboten bleiben viele Paare eher daheim oder begeben sich allenfalls noch ins Kino. Ändern Sie das! Ein Theaterbesuch ist ein einmaliges Erlebnis, das auch sehr romantisch sein kann. Die Darsteller agieren oft direkt mit dem Publikum, sodass Sie hautnah und mit allen Sinnen dabei sind. Also ziehen Sie sich schick an und verbringen Sie einen kalten Winterabend im Theater.

334. Dem anderen einen Schal oder eine Mütze stricken

Kuschelige, warme Kleidungsstücke sind ein Muss im Winter. Besonders schön sind natürlich handgemachte Schals und Mützen – mit viel Liebe gestrickt von Ihrem Partner oder Ihrer Partnerin. Nutzen Sie einen Winterabend, setzen Sie sich mit einem YouTube-Video hin und lernen Sie zusammen das Stricken. Es ist einfacher, als Sie vielleicht denken! Danach können Sie einander ein neues Lieblingskleidungsstück anfertigen, das Sie durch die restlichen kalten Wintertage begleitet.

335. Twister spielen

Gegen Langeweile an einem ungemütlichen Winternachmittag hilft das Spiel Twister! Vielleicht kennen Sie das Geschicklichkeitsspiel noch aus Ihrer Kindheit, doch es macht auch Erwachsenen garantiert viel Freude. Die Drehscheibe gibt vor, welche Position Ihre Hände und Füße auf dem Spielfeld einnehmen müssen. Wer ist gelenkiger? Wer hält die Position am längsten? Wer kippt zuerst um? Twister ist nicht nur ein Zeitvertreib, sondern bietet Ihnen auch die Möglichkeit, sich spielerisch körperlich anzunähern.

336. Einen Biathlon-Kurs belegen

Biathlon gehört zu den spannendsten Wintersportarten überhaupt – und in einem Workshop oder Kurs können Sie diese Sportart selbst ausprobieren.

Verbessern Sie Ihre Langlauffähigkeiten und probieren Sie sich am Schießstand aus. Die Profis zeigen Ihnen, wie Sie Ihre Trefferquote optimieren. Zum Schluss können Sie in einem Teamwettkampf gegeneinander antreten und herausfinden, wer der bessere Biathlet ist!

337. Airbording ausprobieren

Airbording ist einer der neuesten Actiontrends für Wintersportler und garantiert Ihnen viel Nervenkitzel. Sie liegen mit dem Kopf voran auf dem Airbord und fliegen im Tiefflug den verschneiten Hang hinab. Erleben Sie zu zweit diesen unsagbaren Temporausch und probieren Sie atemberaubende Brems- und Lenkmanöver aus. Airbording-Kurse werden in Bayern, Sachsen und Baden-Württemberg in Deutschland sowie in Salzburg und der Steiermark in Österreich angeboten.

338. Im Schnee FATbike fahren

Fahrrad fahren bei Schnee hört sich nach keiner guten Idee an? Von wegen! Sie benötigen nur das passende Fahrrad: nämlich ein sogenanntes FATbike. Die breiten Reifen sinken weniger tief ein und sind äußerst richtungsstabil. In einer geführten FATbike-Tour fahren Sie mit einem geliehenen FATbike über Schneepisten und matschige Offroad-Strecken. Diese winterliche Fahrradtour ist ein Must-do für alle, die gerne auf zwei Rädern in der Natur unterwegs sind.

339. Einen Tanzkurs besuchen

Wahrscheinlich haben Sie in der Schulzeit einen Tanzkurs für Standardtänze belegt, aber danach nur selten richtig getanzt. Der Winter ist eine gute Gelegenheit, genau das zu ändern. Belegen Sie einen Tanzkurs, um Ihre Tanzfähigkeiten aufzufrischen und auszubauen. Wenn Sie die Standardtänze schon sicher beherrschen, können Sie auch bei einem Salsa-Kurs Zeit zu zweit verbringen, viel Spaß haben und sich näherkommen.

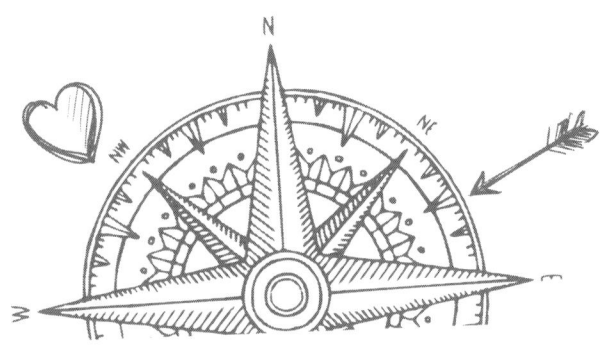

SPECIAL FÜR WEIHNACHTEN♥ ZEHN IDEEN FÜR DIE WEIHNACHTS-BUCKET-LIST

340. Jemandem etwas Gutes tun

Wie wäre es mit einem Adventskalender der anderen Art? Überlegen Sie sich 24 Aktivitäten, mit denen Sie anderen eine kleine Freude bereiten können: Spendieren Sie einem Fremden einen Kaffee, lassen Sie ein gelöstes U-Bahn-Ticket im Automaten liegen, klemmen Sie einen Lottoschein unter den Scheibenwischer eines Autos oder stecken Sie eine Tafel Schokolade bei einem Nachbarn in den Briefkasten. Es fühlt sich unglaublich gut an, gemeinsam Gutes zu tun!

341. Unter einem Mistelzweig küssen

Sobald die Äste der Bäume kahl sind, werden Sie in vielen Astgabelungen Mistelzweige entdecken. Sie sind die beliebtesten Blumensträuße der Weihnachtszeit, also nehmen Sie sich ein paar Zweige mit nach Hause und hängen Sie diese über eine Tür. Dann küssen Sie sich darunter – ganz kitschig und wie im Film – bei einem romantischen Weihnachtslied.

342. Weihnachten in Ugly-Christmas-Pullovern feiern

Besorgen Sie sich kitschige Weihnachtspullover mit Rudolf- oder Weihnachtsmannmotiv – und zwar am besten im Partnerlook. Statt sich wie sonst an Weihnachten so richtig in Schale zu werfen, erscheinen Sie in diesem Jahr in einem ganz anderen Style auf der Party. Die Lacher sind so garantiert auf Ihrer Seite!

343. Weihnachten im Schnee verbringen

Sie träumen seit Jahren von weißen Weihnachten, aber das Wetter will einfach nicht mitspielen? Dann verreisen Sie über die Weihnachtstage an einen Ort mit Schneegarantie! Verbringen Sie das Fest ausnahmsweise nur zu zweit und lassen Sie sich von der weißen Weihnacht verzaubern.

344. Eine eigene Weihnachtstradition beginnen

Sicher haben Sie einige Weihnachtstraditionen übernommen, die Sie aus Ihrer Kindheit kennen. Dennoch sollte jedes Paar seine ganz eigene, individuelle Weihnachtstradition haben. Schreiben Sie jedes Jahr zusammen einen Brief an den Weihnachtsmann, basteln Sie Ihren Adventskranz selber oder würfeln Sie um die Weihnachtsgeschenke. Eigene Traditionen verbinden und geben dem Fest der Liebe eine individuelle Note.

345. Ein Selfie mit dem Weihnachtsmann machen

Sie bummeln über den Weihnachtsmarkt und entdecken den Weihnachtsmann? Dann nichts wie hin! Überwinden Sie sich und bitten Sie den Weihnachtsmann um ein Selfie. Vielleicht schaut er sie etwas irritiert an, aber der Spaß sollte es Ihnen wert sein. Als Belohnung bekommen Sie dann ein Erinnerungsfoto für die Ewigkeit.

346. Ein Lebkuchenhaus backen

Aus einem fertigen Bastelset ein Lebkuchenhaus zusammenkleben kann jeder. Backen Sie Ihr Lebkuchenhaus stattdessen komplett selber! Das hat den Vorteil, dass Sie das Häuschen ganz nach Ihren Vorstellungen gestalten und ein richtiges Kunstwerk erschaffen können. Ein einfaches Rezept mit Schritt-für-Schritt-Anleitung haben wir Ihnen im Anhang Y verlinkt.

347. Einen Weihnachtsmarkt-Roadtrip starten

Steigen Sie an einem Freitagabend ins Auto und fahren Sie zu einem schönen Weihnachtsmarkt in Ihrer Nähe. Übernachten Sie in einer Pension und fahren Sie am nächsten Tag weiter zu einem bekannten Weihnachtsmarkt – zum Beispiel zum Dresdner Striezelmarkt oder zum Nürnberger Christkindlesmarkt. Nach einer weiteren Übernachtung können Sie auch am Sonntag noch den einen oder anderen Weihnachtsmarkt entdecken, bevor es mit dem Auto wieder nach Hause geht.

348. Glühwein auf dem Weihnachtsmarkt verkosten

Besuchen Sie einen Weihnachtsmarkt und verkosten Sie den Glühwein an den einzelnen Ständen. Welcher wird der beste Glühwein des Jahres? Aber Achtung: Am besten teilen Sie sich jeweils einen Glühwein, damit Sie am Ende keinen Schwips haben. Alternativ können Sie auch heiße Schokolade oder Kinderpunsch verkosten.

349. Einen Krampuslauf beobachten

Jedes Jahr im Advent können Sie in Süddeutschland die unheimlichen Krampusse bei ihrer Jagd durch die Altstädte beobachten. Wer lieb war, bekommt eine Belohnung vom Nikolaus, doch die Krampusse bestrafen die Unartigen. Es ist ein echtes Highlight, die finsteren Gestalten mit unheimlichen Masken, Hörnern und Fellen bei ihrem Lauf durch die Stadt anzuschauen.

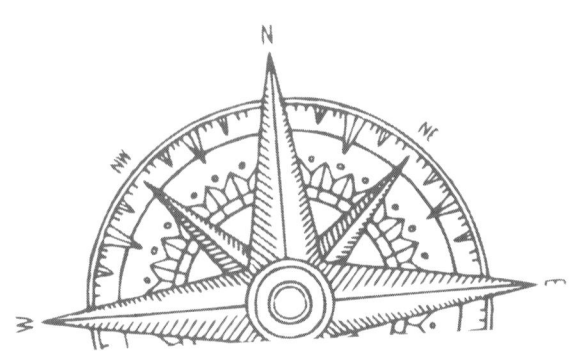

SPECIAL FÜR SILVESTER UND NEUJAHR ♥ FÜNF IDEEN FÜR DIE SILVESTER-BUCKET-LIST

350. Silvester nur zu zweit feiern

Was machen wir am Silvesterabend?" Diese Frage wird im Familien- und „Freundeskreis meist spätestens Ende September gestellt. Steigen Sie einfach mal aus dem Silvestertrubel aus und verbringen Sie den letzten Abend des Jahres ganz romantisch zu zweit. Dabei ist es Ihnen überlassen, ob Sie ins Ausland reisen oder einfach daheim einen Wellnessabend verbringen.

351. Eine Silvester-Zeitkapsel anfertigen

Knipsen Sie ein Selfie an Silvester und legen Sie es in eine Dose oder Box. Dann legen sowohl Sie als auch Ihr Partner oder Ihre Partnerin noch etwas in die Zeitkapsel hinein. Das kann ein Foto sein, Vorsätze fürs neue Jahr oder ein paar persönliche Worte. Im folgenden Jahr an Silvester öffnen Sie die Kapsel wieder und schauen sich den Inhalt gemeinsam an.

352. Dinner For One schauen

Haben Sie noch nie zusammen Dinner For One geschaut? Dann holen Sie es nach und lachen Sie sich schlapp. Falls Sie zu den eingefleischten Fans gehören, genießen Sie es doch einmal auf eine andere Art: Stoßen Sie immer an und trinken Sie einen Schluck, wenn James trinkt oder stolpert. Das verleiht dem klassischen Vergnügen an Silvester noch einmal einen anderen Pep.

353. Gemeinsame Vorsätze aufschreiben

Das alte Jahr ist verklungen und es wird Zeit für Neues. Setzen Sie sich an Silvester oder Neujahr hin und schreiben Sie Ihre gemeinsamen Vorsätze für das kommende Jahr auf. Was wollen Sie erleben? Woran wollen Sie arbeiten? Was könnten Sie besser machen?

354. Beim Neujahrsschwimmen mitmachen

Leiten Sie das neue Jahr doch einmal beim Neujahrsschwimmen ein – aber nicht etwa in der Therme, sondern draußen in einem Fluss, einem See oder im Meer. Überall dort versammeln sich an Neujahr zahllose Neujahrsschwimmer, die sich in die eiskalten Fluten stürzen. Wer weiß, vielleicht gefällt Ihnen das Neujahrsschwimmen so gut, dass Sie einen neuen Brauch gefunden haben? Gesund ist das frostige Bad ja allemal.

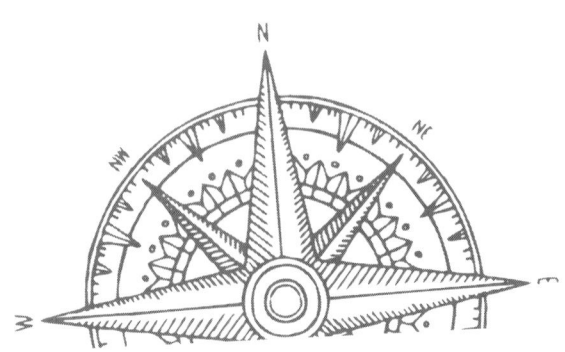

SPECIAL FÜR VALENTINSTAG ♥
FÜNF IDEEN FÜR DIE VALENTINSTAG-BUCKET-LIST

355. Einen Pralinenkurs machen

Verschenken Sie statt gekaufter Pralinen selbst gemachte Pralinen zum Valentinstag. Die Kunst der Pralinenherstellung können Sie gemeinsam in einem Pralinenseminar erlernen. Erfahrene Chocolatiers zeigen Ihnen, wie Sie Schokolade temperieren, Pralinenschalen gießen und Ganache kochen. Beim Gestalten und Garnieren können Sie Ihrer Kreativität freien Lauf lassen und individuelle Pralinenkunstwerke erschaffen.

356. Die Playlist Ihrer Liebe zusammenstellen

Valentinstag ist als Tag der Verliebten eine gute Gelegenheit, um die Playlist Ihrer Liebe zu kreieren. Klar, Ihr ganz persönlicher Lovesong darf darauf nicht fehlen. Doch welche Songs haben die besonderen Momente Ihrer Partnerschaft noch begleitet? Welche Lieder liefen beim ersten Kuss, im ersten gemeinsamen

Urlaub oder beim Hochzeitstanz? All diese Songs gehören natürlich auf die Playlist Ihrer Liebe.

357. Einen sexy Valentinstag verbringen

Nicht alle Paare lieben den 14. Februar, aber kaum jemand wird zu einem sexy Valentinstagsdate „Nein" sagen. Schaffen Sie ein sinnliches Ambiente mit Kerzenschein, Massageöl, Dessous und vielleicht auch ein paar neuen Toys. So kommt garantiert erotische Stimmung auf und auch der größte Valentinstagsmuffel kann sich dann doch noch an diesem Tag erfreuen.

358. Ein Date aus einem Liebesfilm nachspielen

Machen Sie sich einen Spaß daraus, ein romantisches Date der Protagonisten aus Ihrem Lieblingsliebesfilm nachzuspielen. Schauen Sie sich die entsprechende Szene vorab noch einmal an und versuchen Sie, diese so authentisch wie möglich nachzustellen – angefangen bei den Outfits über die Wahl des Restaurants und die bestellten Speisen bis hin zu den Dialogen.

359. In Erinnerungen schwelgen

Im Laufe der Jahre sammeln sich bei jedem Pärchen Erinnerungen an. Nutzen Sie den Valentinstag, um genau diese noch einmal aufleben zu lassen. Lesen Sie sich aus alten Tagebüchern vor, betrachten Sie Fotos aus vergangenen Tagen oder studieren Sie die Chatverläufe aus Ihrer Kennenlernzeit. Sie werden sehen: Dabei beginnen die Schmetterlinge im Bauch von ganz alleine wieder zu flattern.

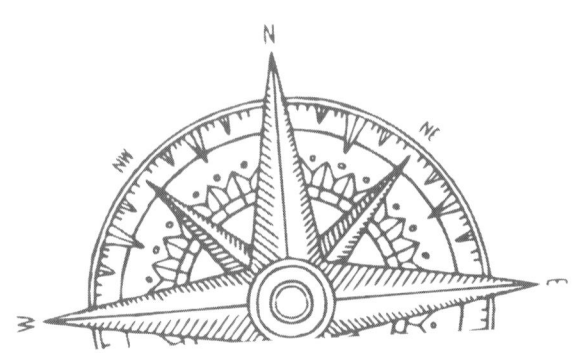

SPECIAL FÜR KARNEVAL UND FASCHING ♥ SECHS IDEEN FÜR DIE KARNEVALS-BUCKET-LIST

360. Ein witziges Paarkostüm tragen

Erscheinen Sie zur Karnevalsparty im Partnerlook. Machen Sie es sich ganz leicht und verkleiden Sie sich als rüstige Rentner oder gehen Sie eine Stufe weiter mit einem Kostüm als Homer und Marge Simpson. Egal, wofür Sie sich entscheiden: Ein Partnerkostüm ist immer eine gute Idee, um herauszustechen und Ihre Zusammengehörigkeit zu verdeutlichen.

361. Am Kölner Rosenmontagsumzug teilnehmen

Der Kölner Rosenmontagsumzug ist der Höhepunkt der sogenannten fünften Jahreszeit. Jedes Paar sollte diesen Umzug einmal live erlebt haben. Die Stimmung, die Atmosphäre und die Kostüme sind einfach einmalig. Hunderttausende Jecken schauen sich den Zug Jahr für Jahr an, bei dem auch wichtige Themen aus Sport, Wirtschaft, Politik und Stadtleben stets parodiert werden.

362. Berliner selber backen

Krapfen, Berliner, Pfannkuchen, Kreppel – es gibt viele Namen für ein und dasselbe Gebäck. Egal, wie es bei Ihnen heißt, nutzen Sie die Karnevalszeit, um es einfach mal selber zu backen. Wählen Sie das Topping und die Füllung selbst und kreieren Sie den ganz persönlichen Berliner Ihrer Liebe!

363. Das Kostüm des anderen aussuchen

Jetzt wird es spannend: Wenn Sie das Kostüm Ihres Partners oder Ihrer Partnerin auswählen könnten, welches würden Sie aussuchen? Lassen Sie diese Überlegung wahr werden und wählen Sie in diesem Jahr die Verkleidung des jeweils anderen aus. Gehen Sie noch einen Schritt weiter und schminken und frisieren Sie einander. Natürlich erscheinen Sie dann auch in diesem Look zur Karnevalsparty.

364. Zusammen eine Büttenrede schreiben – und halten

Büttenreden gehören untrennbar zu Karneval. Versuchen Sie zu zweit, eine witzige und brandaktuelle Büttenrede selbst zu schreiben. Mit kreativen Ideen, Witz und Sarkasmus entsteht eine Karnevalsrede, mit der Sie Ihre Zuhörer in den Bann ziehen. Fragen Sie danach beim örtlichen Karnevalsverein an, ob Sie Ihre Büttenrede zu zweit halten dürfen. Da die meisten Vereine nach Nachwuchsrednern suchen, sollte diesem witzigen gemeinsamen Erlebnis in aller Regel nichts im Wege stehen. Tipps zum Schreiben Ihrer Rede finden Sie im Link im Anhang Z.

365. Gemeinsam die Fastenzeit einläuten

Am Aschermittwoch ist alles vorbei – und die Fastenzeit beginnt. Suchen Sie sich zusammen etwas aus, auf das Sie bis Ostern verzichten möchten. Ob Zigaretten, Fleisch oder Süßigkeiten – was ist Ihr gemeinsames Laster? Während der Fastenzeit motivieren Sie einander zum Durchhalten und freuen sich an Ostern über Ihren Erfolg.

BLEIBEN SIE AM BALL ♥
DIE IDEEN DER BUCKET LIST WIRKLICH UMSETZEN

Sie kennen nun unsere 365 inspirierenden Ideen für eine Bucket List für Paare. Wir sind sicher, dass Sie hier viele Anregungen gefunden haben, um Ihren Paaralltag abwechslungsreicher, romantischer und erfüllender zu gestalten. Eventuell haben Sie etliche Ideen übernommen und sich darauf aufbauend eine eigene, individuelle Liste erstellt. Vielleicht haben Sie jedoch Schwierigkeiten, die Ideen im Alltag wirklich umzusetzen. Dann besteht die Gefahr, dass das Buch und Ihre Liste schnell in Vergessenheit geraten. Daher haben wir hier noch einmal einige Motivationsgedanken und Tipps für Sie zusammengefasst, die Ihnen die Umsetzung der Ideen erleichtern werden:

> Sortieren Sie die Punkte nach Priorität und erledigen Sie zuerst die Dinge, die Ihnen am wichtigsten sind.
> Nehmen Sie sich Zeit. Viele kleine Ideen der Bucket List lassen sich vor der Arbeit oder nach Feierabend umsetzen. Setzen Sie sich ein Ziel, wie viele Punkte Sie in einer Woche abarbeiten möchten. Planen Sie Ihre Aktivitäten beispielsweise immer sonntags im Voraus.
> Konkretisieren Sie die Pläne. Formulieren Sie statt „Das Heimwerken lernen" lieber „den Heimwerkerkurs im Baumarkt XY im September buchen".
> Legen Sie ein Datum fest. Sie können Ihre Ideen auch direkt in einen Kalender eintragen, damit Sie wissen, wann Sie was umsetzen möchten.
> Sparen Sie für die Liste. Legen Sie sich einen monatlichen Betrag auf ein Sparkonto weg, damit die Umsetzung Ihrer Wünsche nicht am Budget scheitert.

Sie haben den Vorteil, dass Sie zu zweit sind. Erinnern Sie einander regelmäßig an Ihre Liste und schauen Sie gemeinsam, was Sie in der nahen Zukunft erledigen könnten. So verlieren Sie das Ziel nicht aus den Augen und dann klappt es auch mit der Abarbeitung Ihrer Bucket List.

GLÜCKLICH IN DIE ZUKUNFT ♡ TIPPS FÜR EINE GESUNDE BEZIEHUNG

Auch, wenn eine Bucket List eine Paarbeziehung bereichern, das Zusammengehörigkeitsgefühl stärken und das Leben im Jetzt in den Vordergrund rücken kann, wird keine Bucket List dieser Welt Beziehungsprobleme kitten. Zu einer gesunden Beziehung können Sie selbst beitragen, indem Sie sich diese Ratschläge zu Herzen nehmen:

> Auf dem Teppich bleiben: Vermeiden Sie unrealistische Erwartungen an Ihre Liebe, denn das führt nur dazu, dass Sie unglücklich werden.
> Über Gefühle und Bedürfnisse sprechen: Niemand kann dem anderen jeden Wunsch von den Augen ablesen. Umso wichtiger ist es, dass Sie Ihre Gedanken dem anderen mitteilen und sich einander öffnen.
> Unterschiede respektieren: Egal, wie ähnlich Sie sich vielleicht sind, werden Sie im Leben nicht immer dieselben Ansichten haben. Es ist auch in Ordnung, unterschiedlich zu sein! Vielleicht können Sie noch etwas voneinander lernen.
> Konflikte nicht scheuen: Wann immer zwei Persönlichkeiten engen Kontakt miteinander haben, kommt es auch zu Streit. Schlucken Sie Ihren Ärger nicht herunter, sondern lösen Sie die Disharmonien in klärenden Gesprächen.
> Bei Auseinandersetzungen fair bleiben: Wenn Sie streiten, sollten Sie niemals Ihren Partner oder Ihre Partnerin persönlich kritisieren, sondern stets das Verhalten, das Sie stört. Achten Sie darauf, den emotionalen Kontakt zueinander nicht zu verlieren und verschieben Sie allzu hitzige Diskussionen lieber auf einen späteren Zeitpunkt.
> Nach Streit wieder vertragen: Die Versöhnung ist ein wichtiger Punkt nach dem Streit, der oft vergessen wird. Entschuldigen Sie sich und gehen Sie aufeinander zu, statt einfach mit dem Alltag fortzufahren.

Letztlich haben Sie es selbst in der Hand, was Sie aus Ihrer Beziehung machen. Ihre Partnerschaft wird nicht von tollen Erlebnissen oder Tiefschlägen bestimmt, sondern von der Zeit dazwischen. Manchmal ist es schwer, in schwierigen Phasen die Beziehung als erfüllend zu betrachten. Dann ist es wichtig, gelassen zu bleiben und Oasen im Alltag zu schaffen, in denen Sie Zeit zu zweit haben. Setzen Sie die größeren und kleineren Ideen dieser Bucket List um und pflegen Sie damit Ihre Beziehung wie einen Baum in Ihrem Garten.

LITERATURVERZEICHNIS

> Jochen Mai: „Bucket List: Ideen, Beispiele + Vorlage zur Inspiration"
  https://karrierebibel.de/bucket-list/ (23.06.2022)

> Thorsten Köcher: „Warum ihr als Paar eine Bucket List braucht"
  https://www.thorsten-koecher.de/warum-ihr-eine-bucket-list-braucht/ (24.06.2022)

> Denise Li: „Kann eine Bucket List dir schaden? Kritische Gedanken und das richtige
  Mindset"
  https://denise-bucketlist.de/bedeutung-bucket-list-kritik (24.06.2022)

ANHANG

- > Riesenseifenblasen selber machen – Anleitung im Blog von Baby, Kind & Meer https://www.babykindundmeer.de/lifestyle/diy/riesen-seifenblasen-selber-machen/
- > Hoopdance für für Einsteiger – Tipps, Tricks und Infos im Blog von raumkreise
- > https://www.raumkreise.de/raumkreiseblog/categories/hoopdance-tipps
- > Ideen für frühlingshafte Basteleien – Anleitungen und Inspiration bei LIVING AT HOME https://www.livingathome.de/wohnen-selbermachen/selbermachen/141-thma-fruehlingsdeko-basteln
- > Geocaching – Informationen und Einstiegsmöglichkeiten https://www.geocaching.com/play
- > Dinner In The Sky – Informationen und Anbieter https://www.dinnerinthesky.de/
- > Crossboccia – Anleitung und Regeln https://www.crossboccia.com/home.html
- > Baumhaus bauen – Schritt-für-Schritt-Anleitung https://www.haus.de/garten/baumhaus-selber-bauen-schritt-fuer-schritt-9752
- > Osternest selbst basteln – Schöne Ideen https://www.mein-schoener-garten.de/lifestyle/deko/osternest-basteln-die-schoensten-ideen-8136
- > Osterzopf – Rezept und Anleitung https://www.essen-und-trinken.de/rezepte/90637-rzpt-osterzopf
- > Die besten Erdbeerrezepte – Vorschläge und Inspiration https://www.lecker.de/rezepte/erdbeer
- > Wale beobachten – WWF-Checkliste für die Anbieterauswahl https://www.wwf.de/aktiv-werden/tipps-fuer-den-alltag/umweltvertraeglich-reisen/wale-beobachten-aber-richtig
- > Übernachtung im Leuchtturm – Orte und Tipps https://www.geo.de/reisen/reise-inspiration/im-leuchtturm-uebernachten--7-tipps--30779492.html
- > Klettersteige für Einsteiger – Adressen in Deutschland https://www.indenbergen.de/weblog/16262-klettersteige-deutschland/
- > Wattwandern – Sicherheitsregeln https://wattwandern.info/watt-wissen/sicherheitsregeln-fuer-wattwanderer/

> Holunderblüten – Rezeptideen https://www.kostbarenatur.net/rezepte/leckere-holunder-rezepte/

> Kerzen selber gießen – Materialien und Anleitung https://utopia.de/ratgeber/kerzen-selber-machen/

> Herbstkranz selber binden – Anleitung zum Flechten https://www.ecowoman.de/freizeit/diy/kraenze-selber-basteln-natuerliche-herbstdeko-und-herbstkranz-aus-weiden-5103

> Crossgolf – Regeln, Ausrüstung und Wissenswertes http://www.crossgolf.eu/

> Halloween – Rezepte für ein schauriges Menü https://www.lecker.de/halloween-rezepte-schaurig-schoene-leckereien-51350.html

> Iglu bauen – Anleitung https://www.outdoor-magazin.com/wandertipps/iglu-selbst-bauen-so-funktioniert-s/

> Windlichter selber machen – Anregungen und Anleitungen https://www.selbst.de/wind-licht-selber-machen

> Alpenüberquerung im Heißluftballon – Anbieter und Informationen unter http://alpenueberquerung.de/ oder https://www.skytours-ballooning.de/ballonfahrt-erlebnis/alpenueberquerung.html

> Insektenhotel bauen – Anleitungen und Ideen vom NABU https://www.nabu.de/tiere-und-pflanzen/insekten-und-spinnen/insekten-helfen/00959.html

> Schneebar bauen – Bauanleitung https://magazin.mydays.de/erlebnisse/outdoor-action/schneebar-bauen/

> Lebkuchenhaus selber machen – Zutaten und Schritt-für-Schritt-Anleitung https://www.einfachbacken.de/rezepte/lebkuchenhaus-einfach-selbstgemacht

> Büttenrede schreiben – Tipps und Informationen https://www.redenwelt.de/anlass/karne-valsrede/buettenrede-schreiben-herkunft/

Printed in Poland
by Amazon Fulfillment
Poland Sp. z o.o., Wrocław

11808270R00081